KB266186

미소 한 번
지었을 뿐인데

미소 한 번 지었을 뿐인데

발행일   2026년 3월 3일

지은이   정현석

펴낸이   김진경
펴낸곳   혼북스
출판등록   제2025-000100호
주소   경기도 성남시 수정구 위례광장로 104, 2212호(창곡동, 위례 한화 오벨리스크 센트럴스퀘어)
전화번호   031-778-7963
이메일   dagarius@naver.com

편집/디자인 (주)북랩
제작처   (주)북랩 www.book.co.kr

ISBN   979-11-993895-1-9 03190 (종이책)   979-11-993895-3-3 05190 (전자책)

미소 한 번 지었을 뿐인데

환갑을 맞이하며 35년의 직장 생활을 돌아보니, 자연스럽게 터득한 인생의 진리들에 감사하게 된다. 그중에서도 다소 늦게 확신하게 된 '미소의 진리'는 내게 매우 특별하다.

우리는 결국 사람 속에서 살아가면서도 정작 중요한 것을 간과하곤 한다. 가장 쉬워 보이지만 실천하기는 가장 어려운 것, 바로 '미소'다.

예전에 나이토 요시히토의 『말투 하나만 바꾸

었을 뿐인데』라는 책을 흥미롭게 읽은 적이 있다. 당연한 내용이지만, 평소 잊고 지냈던 핵심을 찌르는 느낌이었다.

하지만 나는 말투보다 먼저 상대에게 영향을 미치는 것이 '표정'이라고 생각한다. 미소는 신이 인간에게만 부여한 특별한 선물이다. 화를 내거나 찡그리는 표정은 동물도 지을 수 있지만, 인간처럼 다채로운 심리를 미소에 담아낼 수는 없다.

미소는 과학이자 예술이다. 우리 얼굴에는 미소를 만드는 수많은 근육이 있다. 누군가는 이 근육을 적극적으로 사용하고, 누군가는 방치할 뿐이다. 미소가 전하는 친근함과 안정감은 동물조차 감지할 만큼 강력하다.

나는 미소가 단순한 호감을 넘어 위대한 능력을 지니고 있음을 알리고 싶다. 미소는 어려운 일과 복잡한 관계를 부드럽기 풀어주는 윤활제다. 비대면 소통이 늘어가는 IT 시대일수록 우리의 미소 근육은 빠르게 토화할지 모른다. 이 글을 통해 많은 분이 미소의 힘을 회복하고, 인생의 진정한 주인공이 되기를 바란다.

차례

무표정이
일상이 된 시대의 그림

표정이 지워진 일상

서울 강남의 어느 지하철역. 수백 명이 한 방향으로 밀려들어 간다. 사람들의 얼굴은 하나같이 감정이 지워진 듯 무표정하다. 마치 어떤 명령이라도 받은 듯, 서로 부딪히지 않으려 고개를 푹 숙이고 스마트폰 화면을 응시한다. 휴대폰 속 영상에서는 유쾌한 쇼츠 영상이 재생되고 있지만, 그 누구도 웃지 않는다. 입꼬리는 움직이지 않고, 'ㅋㅋㅋ'은 손끝에서만 움직인다.

“왜 이렇게 사람들이 무표정하지?” 이런 질문은 이제 낯설게 느껴질지도 모른다. 우리는 어느덧 무표정한 얼굴로 하루를 시작하고, 그렇게 또 하루를 마친다.

“밥 먹자.”

아버지의 한마디에 온 가족이 식탁에 모인다. 예전 같으면 “오늘 뭐 했어?”, “학교 어땠어?” 같은 대화가 오갔을 법하지만, 지금은 다르다. 모두가 휴대폰을 들고 각자 화면을 바라보며 조용히 식사한다. 입은 음식만 씹을 뿐이고, 눈은 스크린을 벗어나지 않는다. 어머니가 말을 걸어도 대답은 “응.” “몰라.” “그냥.” 표정 없이, 감정 없이, 그렇게 하루의 소통은 끝난다.

어쩌다 이 지점까지 온 걸까?

언제부턴가 우리는 웃지 않는다. 출근길 지하철 안을 보라. 수십 명이 같은 방향을 향해 있지만, 그 누구도 서로를 보지 않고, 웃지도 않는다. 거울 앞에 선 나조차도 무표정이 더 익숙하다. 사진을 찍을 때 "웃어보라"고 하면 오히려 어색해지고, 억지웃음은 더 불편하다. 왜일까? 왜 우리는 웃지 않는 것이 더 편하다고 느끼는 걸까?

이는 단순한 얼굴 근육의 긴장이 아니다. 무표정은 현대인의 정서적 방어막이며, 그 속에는 심리학·사회학·문화적 요인들이 깊숙이 스며 있다.

심리학적으로 무표정은 종종 '자기 보호 수단'으로 작용한다. 미국의 심리학자 폴 에크만(Paul Ekman)은 "표정은 감정의 가장 직접적 표현"이라고 말한다. 다시 말해, 표정을 짓는다는 것은 감정을 외부에 노출하는 것이다.

그러나 타인에게 감정을 보이는 것이 불편하고, 위협적으로 느껴질수록 사람들은 본능적으로 무표정을 선택한다. 특히 다음과 같은 경우에서 무표정은 심리적 자율성과 감정의 통제력을 상징하는 무언의 메시지가 된다.

"감정이 보이면 약점이 될 수도 있다." "지금 웃는 얼굴이 오해를 불러올 수 있다." "웃는 순간, 더 많은 설명을 요구받을지도 모른다."

따라서 무표정은 이러한 불확실성과 피로를 회피하려는 전략이다. 타인에게 기대지도 않고, 간섭받지도 않으며, 자신의 감정을 단단히 움켜쥐고 싶을 때 사람들은 가장 편안한 표정 없는 얼굴을 택한다.

무표정은 때론 감정의 배터리를 아끼는 절전 모드다. 현대인은 끊임없는 대인관계, 감정노동, 타인의 기대 속에서 살아간다. 그런 환경에서 일일이 표정을 짓고, 미소를 유지하는 것은 더욱 피곤하고 소모적인 일이다.

미국 샌프란시스코대 감정노동 연구팀(2012)은

감정노동이 많은 직업군일수록 퇴근 후 '무표정 상태'로 돌아가는 속도가 빠르다는 연구를 발표했다. 그들은 이를 "감정 회복을 위한 탈표정화 과정"이라 설명했다. 특히 서비스직 종사자나 교사, 상담사처럼 직무 중 '감정을 연기해야 하는' 사람들은, 개인 시간에는 일부러 감정을 차단하려는 성향이 강하게 나타났다.

어느 직장인들의 고백

"하루 종일 웃고 인사하고, 팀장 눈치까지 보면 지쳐요. 집에 오면 혼자 있고 싶고, 아무 표정도 짓기 싫어요. 그냥 가만히 있는 게 좋아요."

이처럼 무표정은 몸과 마음이 회복을 시도하는 과정일 수 있다. 문제는, 이런 '감정 차단 상태'가 만성화될 경우, 타인과의 정서적 단절로 이어진다는 점이다.

한국, 일본을 포함한 동아시아 문화권은 전통적으로 감정 표현을 절제하고, 비언어적 분위기와 눈치를 중시해 왔다. 웃음도 상황에 따라 '가벼움' 혹은 '불성실함'으로 오해받을 수 있다.

Yale 대 심리언어학자 마리안 라프랑스(Marianne LaFrance)는 그녀의 저서 『Lip Service』에서 다음과 같이 지적한다.

"문화가 감정을 억제하도록 가르칠수록, 사람들은 미소를 짓는 것에 죄책감이나 위협감을 느끼게 된다. 이는 웃음 자체를 위축시키는 문화적 트라우마다."

실제로 동양권에서는 웃음을 '진심'보다 '형식'으로 보는 시선이 있다. 그래서 웃을 수 있는 상황에서도 "이건 지금 웃을 일이 아니야", "가볍게 보이겠다"는 자기검열이 작동한다. 웃음은 언제부터인가 '공식적인 자리에서 삼가해야 할 표현'이 된 것이다.

무표정은 타인과의 심리적 거리두기 방식이기도 하다. 타인이 나에게 다가오지 않기를 바랄 때, 우리는 표정을 지우고 벽을 만든다. 그것은 '나를 방해하지 마세요'라는 비언어적 경계선이다.

한국심리학회 정서연구소는 2019년 보고서에서, 무표정은 타인의 접근 가능성을 낮추는 사회적 장치로 작용한다고 밝혔다. 즉, 타인의 감정에 동조하거나 반응하지 않으려고 의도적으로 표정을 지우는 것이다.

특히 내향적이거나 타인의 시선에 민감한 사람은 타인과의 관계 피로도를 줄이기 위해 본능적으로 무표정을 택한다. 이 무표정은 '사회적 회피'이자 '자기 보호'이다.

가장 중요한 원인 중 하나는 이것이다. 무표정이 더 이상 불편하지 않다. 오히려 더 익숙하고 자연스럽다. 이는 단순한 습관이 아니다. 뇌과학자 리처드 데이비슨(Richard Davidson)은 웃는 습관이 줄면, 뇌의 전전두엽과 편도체의 연결이 약화해 감정을 외부로 표현하는 기능 자체가 줄어든다고 말한다.

오랜 시간 무표정하게 살아온 사람일수록, 자기 표정에 무감각해지고, 타인의 감정 변화에도 둔감해진다. 이러한 습관이 오래 지속되면 타인과의 공감 능력이나 비언어적 교감 능력도 자연스럽게 감소한다.

대기업 전략기획팀에 근무 중인 40대 중반의 박 과장은 어느 날 새로 입사한 후배에게 이런 이야기를 들었다. "처음엔 과장님이 너무 무서웠어요. 늘 표정이 없으시고, 차가워 보이셔서요."

박 과장은 놀랐다. 자신은 단지 피곤했을 뿐이었다. 일을 하면서 웃을 여유가 없었고, 오히려 미소를 지으면 '가벼워 보일까' 걱정되기도 했

다. 그래서 자연스럽게, 감정 없는 '업무용 표정'
이 굳어졌던 것이다.

그는 이렇게 말했다. "회사에서는 무표정이 가
장 무난해요. 실수 안 하려고 조심하고, 감정 드
러내면 괜히 불리할까 봐…. 사실 방어죠. 마음
의 방패 같은 거예요."

20대 대학생 민지는 최근 친구와의 만남을 피
하고 있다. "괜히 만나면 기분 나쁜 일 생길까
봐…. 그냥 혼자 있는 게 편하죠." 그녀는 친구
와의 작은 갈등 후부터, 감정 표현 자체를 꺼리
게 되었다. 그 결과, 관계에서도 무표정은 자기
보호의 전략이 되었다.

한편, 민지의 남자 친구는 "요즘은 감정이 진
해도 부담스럽다."고 말한다. '쿨함'과 '무심함'이
매력으로 포장되는 시대. 웃고 울던 사랑보다,
'무표정 속 애정'이 더 '성숙'하다고 여겨진다.

정신과 전문의 하지현 교수는 "감정 표현을

억제하는 사회에서는 무표정이 자기방어 기제가 된다"고 말한다. "타인의 시선과 평가에 민감한 사람일수록, 오히려 감정을 감추고 무표정을 유지하려 합니다. 그것이 자신을 지키는 방식이 되거든요."

서울대 뇌인지과학연구소는 최근 연구를 통해 "무표정을 오래 유지하면 타인의 표정을 읽는 능력도 퇴화한다."라고 밝혔다. 즉, 내가 웃지 않으면 남의 웃음도 느끼지 못하게 되는 것이다.

사회학자 박철수 교수는 "무표정은 감정의 포기이자, 인간관계의 최소화 전략"이라고 분석한다. "공감하지 않으면 덜 피곤하고, 관계를 줄이면 상처받을 일도 줄어듭니다. 무표정은 결국 '고립의 방어선'이에요."

웃지 않으면 안 되는 일이 점점 줄어들고 있다. 택배는 비대면으로, 주문은 키오스크로, 상담은 챗봇으로 대체된다. 웃는 표정을 지을 기회조차 사라지는 시대.

　게다가 온라인상에서는 아무리 웃어도 전해지지 않는다. 웃는 얼굴 대신 이모티콘을 보낼 뿐이다. 그조차도 이제는 습관처럼 자동완성으로 쓰인다.

미소가 고갈된 사회

이제는 무표정이 '기본값'이 되어버린 세상에 살고 있다.

하지만 한 가지는 변하지 않았다. 표정은 언어보다 먼저 마음을 전하는 신호라는 점이다. 말 한마디 없이도 미소 하나로 사람의 마음을 풀 수 있고, 무거운 공기를 바꿀 수 있다.

미소는 관계를 시작하게 하고, 대화를 유도하며, 사람 사이의 거리를 좁힌다. 무표정이 편할

지 몰라도, 미소가 주는 진심의 울림은 더 오래
남는다.

우리는 웃는 법을 잊어버렸다기보다, 웃어도
괜찮은 환경을 잃어버린 것이다. 무표정은 단지
'나'의 문제가 아니다. 그것은 우리 모두가 함께
만들어낸 사회적 습관이다. 웃지 않는 도시, 말
없는 지하철, 눈치 보는 사무실. 그 속에 사는
우리들은 점점 타인의 감정에 무감각해진다.

그러나 그 흐름을 바꿀 수 있는 건 생각보다
단순한 한 번의 미소다. 낯선 얼굴에, 지친 동료
에게, 거울 속 내게 건네는 작은 웃음. 그것이 이
무표정한 사회에서 새로운 정서 회복의 불씨가
될 수 있다.

"웃지 마. 지금은 진지한 순간이야." 면접관 앞
에 선 지원자. 질문이 끝나고, 지원자는 잠깐 미
소를 띠며 대답을 시작한다. 하지만 면접관의
표정은 굳어 있다. '지금 농담하는 건가?' 그는

속으로 되묻는다.

회의실에서도 비슷한 일이 일어난다. 한 직원이 발표를 시작하며 살짝 웃어 보인다. 그러자 팀장은 말한다. "이건 웃을 일이 아니지 않나?"

우리는 '진지함=무표정'이라는 공식을 너무도 당연하게 받아들이며 살아간다. 하지만 정말 그럴까? 진지한 순간일수록, 무표정이 더 신뢰를 줄까? 아니면 오히려 따뜻한 표정이 긴장을 풀고, 메시지를 더 잘 전달하게 도와줄까?

진지함을 전달하려는 순간, 우리는 자동으로 표정을 빼앗긴다. '무표정'은 정색(正色)하는 것처럼 여겨지고, 진지함의 상징처럼 인식되기도 한다. 특히 중요한 말을 할 때, 비판이나 충고를 건넬 때, 대부분 사람은 본능적으로 표정을 닫는다.

하지만 무표정이 진지함을 준다고 해서, 그것이 곧 신뢰감과 설득력까지 보장하는 것은 아니

다. 오히려 무표정은 종종 딱딱함, 거리감, 권위
주의로 해석된다.

한 CEO의 이야기

회사의 구조조정 소식을 발표해야 했던 그날, 그는 직원들을 바라보며 살짝 미소 짓고 고개를 숙였다. 그는 "여러분, 저도 이 결정이 결코 쉽지 않았습니다. 여러분을 생각하면 마음이 무겁습니다."라고 말했다. 그 순간, 직원들의 표정도 조금씩 풀어졌다.

나중에 한 직원은 이렇게 말했다. "회사의 결정은 받아들이기 힘들었지만, 그 사람의 표정에서 진심이 느껴졌어요.”

미소가 들어간 진지함은, ‘위로’와 ‘공감’을 담을 수 있다. 이는 단순한 감정 표현이 아니라 메시지의 ‘정서적 운반체’ 역할을 한다.

폴 에크만(표정연구 권위자)은 “무표정은 감정을 숨기려는 방어적 신호”라고 말한다. 감정을 읽을 수 없으면, 사람은 무의식적으로 그 상대를 ‘위협’ 혹은 ‘거리감 있는 존재’로 인식하게 된다.

미국 UCLA 심리학 연구팀은 발표자나 리더가 “진지한 이야기일수록 미세한 미소와 부드러운 눈빛을 사용한 경우, 수용자들이 더 높은 신뢰와 몰입을 보였다.”라는 연구 결과를 발표했다.

아주대 심리학과 김경일 교수 역시 “표정이 없는 진지함은 때때로 ‘감정 없음’으로 해석되어 오해를 부른다.”라고 경고한다. 진심이 있어도 전달되지 않으면, 그 순간은 기계적으로 되기 쉽다.

미소를 더 갈망하는
미래의 AI 시대

2045년. 당신은 출근하자마자 AI 비서가 반갑게 인사한다. "좋은 아침입니다, 고객님. 오늘의 회의는 3건, 점심 일정은 12시 40분입니다." 그 말은 정확했고, 효율적이었으며, 틀림없었다.

그런데 이상하게도… 따뜻하지 않았다.

말은 완벽했지만, 표정이 없었다. 음성은 감정을 모방했지만, 진심은 없었다. 지식은 넘쳤지만, 사람 냄새는 없었다.

바로 그때 지하철에서 우연히 어떤 낯선 사람이 살짝 웃어주었던 것이 떠올랐다. 그 순간, 당신은 가슴 깊숙한 곳에서 무언가가 풀리는 것을 느낀다. "아… 사람의 미소가 이렇게 따뜻했었지."

이것이 바로 AI 시대에 인간이 다시 미소를 갈급하게 되는 순간이다.

AI 기술은 하루가 다르게 발전하고 있다. 챗봇은 정교해지고, 감정 분석 알고리즘은 인간의 말투를 흉내 낸다. AI가 상담도 하고, 뉴스도 읽고, 심지어 연애 상담까지 해주는 시대.

그러나 문제는 이것이다. AI는 공감을 '계산'은 해도, '경험'하지는 않는다.

사람은 표정 하나, 미소 하나에 위로를 느끼고, 눈빛 하나에 힘을 얻는다. 하지만 AI는 그것을 "0과 1의 계산값"으로만 처리한다. 정확하지만, 감정은 없다. 이 차이야말로 인간이 앞으로 더 '사람다움'을 갈망하게 되는 이유다.

기술이 발달할수록, 사람들은 진짜 인간의 흔적을 찾기 시작한다.

바리스타의 손끝에서 느껴지는 '진짜 커피의 향'

친구가 건네는 따뜻한 눈빛

엄마가 지어주는 밥에 담긴 무언의 사랑

그리고… 미소.

AI가 아무리 발전해도, 그것이 결코 가질 수 없는 것이 있다. 그건 '마음의 떨림'이다. 그리고 그 떨림은 바로 '미소'에서 가장 잘 전달된다.

MIT 미디어랩의 샌디 펜랜드(Sandy Pentland) 교수는 "미래 사회가 디지털화될수록, 인간의 비언어적 소통 방식이 더욱 중요해질 것"이라고 강조한다. 그는 이를 "사회적 신호의 복원력(Social Signal Resilience)"이라고 부른다. 미소, 눈빛, 손짓 같은 신호가 진짜 인간다움을 회복시키는 핵심 요소라는 뜻이다.

하버드대 뇌과학연구소는 "AI와 인간의 커뮤니케이션에서 가장 부족한 것은 '감정적 공명'이며, 인간의 표정과 미소는 그 공명의 70% 이상을 담당한다."고 밝혔다.

서울대 심리학과 최인철 교수는 "미래 사회는 정보보다 감정이 귀해지는 시대"라며, "결국 사람을 움직이는 건 기술이 아니라 따뜻함"이라고 말한다.

우리는 지금 정보가 넘쳐나는 시대에 살고 있다. 하지만 정보가 많아질수록, 감정은 줄어든다. 언제 어디서나 원하는 정보를 얻을 수 있지만, "괜찮아"라는 말 한마디, 따뜻한 눈웃음 한 번이 훨씬 더 큰 힘이 된다.

미래에는 더 많은 사람이 말할 것이다. "아무도 나한테 진심으로 웃어주지 않아." "나는 기계처럼 대우받고 있어." "그냥… 누가 날 한 번만 따뜻하게 봐줬으면 좋겠어."

이러한 시대에는 오히려 작고 사소한 미소 한 번이 최고의 사치품이 될 것이다.

우리는 모든 것을 자동화하고 있지만, 정서만큼은 절대 자동화되지 않는다.

미소는 단순한 얼굴의 움직임이 아니다. 그 안에는 '나는 당신을 이해하고 있어요', '당신이 소중해요'라는 말 없는 메시지가 담겨 있다. 그 어떤 AI도 이것을 복제할 수 없다.

그래서 미래에는 기술의 차가움을 보완하는 따뜻한 감정 매개체로서 '미소'가 더욱 중요해질 것이다.

우리는 지금, AI가 그려주는 놀라운 미래로 향하고 있다. 하지만 그 미래가 기계적인 효율성만을 추구한다면, 결국 우리는 사람다움을 잃어버린 불행한 존재가 될 수 있다.

기계는 무한히 똑똑해질 수 있지만, 미소만큼

은 인간만이 가질 수 있는 영혼의 표현이다.

그래서 미래는 이렇게 바뀔 것이다.

"인간답다는 건, 정확하게 말하는 것이 아니라, 따뜻하게 웃는 것이다."

무표정이 만들어 내는
심각한 해악

부정적 해석의 오류

당신의 '아무것도 아닌' 얼굴이 관계를 파괴한다는 사실을 알아야 한다. 어쩌면 침묵보다 무서운 비언어적 폭력이 무표정이다. 우리가 무심코 짓는 무표정이 어떻게 소통을 단절시키고, 타인에게 심리적 고통을 주는지에 대해 이야기해 보고자 한다.

우리는 흔히 "화내지 않았다"라는 것을 증명하기 위해 무표정을 짓는다. 하지만 상대방에게 그 무표정은 "화가 났다"라는 신호보다 더 불안한 공포로 다가오곤 한다. 아무런 감정도 싣지 않았다고 생각하는 당신의 얼굴, 과연 상대에게도 '0(Zero)'의 상태로 전달될까?

IT 중소기업 개발팀의 김민수(42. 가명) 팀장은 성실하고 능력 있는 리더이다. 그는 악의가 없고, 부하 직원들을 괴롭히는 성격도 아니다. 하지만 그의 팀원들은 늘 그를 어려워하고 피한다. 점심시간에도 김 팀장 곁에는 아무도 앉으려 하지 않는다. 이유는 단 하나, 그의 '무표정' 때문이다.

김 팀장은 업무에 집중할 때 입을 꾹 다물고 미동도 하지 않는 습관이 있다. 그는 단지 모니터를 보고 있을 뿐이지만, 팀원들의 시각은 다르다.

신입사원 A의 속마음: '아까 보고서 제출할

때 팀장님 표정이 완전히 굳어 계시던데… 내가 또 실수했나? 지금 가서 여쭤보면 혼나겠지?'

대리 B의 속마음: '오늘 아침 인사를 할 때도 표정이 없으시더라니, 집안에 무슨 우환이 있나? 오늘 회식 이야기는 꺼내지도 말아야겠다.'

그런데 진실은 무엇일까? 김 팀장은 그저 점심 메뉴를 고민 중이었거나, 보고서의 오탈자를 찾고 있었을 뿐이다. 하지만 그의 '설명 없는 무표정'은 팀원들에게 '비난', '거절', '무관심'이라는 부정적인 신호로 해석되었다.

결국 김 팀장의 의도와는 상관없이, 팀의 소통은 단절되었고 업무 효율은 떨어졌다. 이것이 바로 무표정이 만들어 내는 첫 번째 해악, '부정적 해석의 오류'이다.

뇌는 모호함을 '위협'으로 간주

왜 사람들은 무표정을 있는 그대로 '평온함'으로 받아들이지 못할까? 이는 우리의 뇌가 가진 생존 본능 때문이다. 인간의 뇌, 특히 편도체(Amygdala)는 타인의 얼굴을 볼 때 '적(위협)'인지 '친구(안전)'인지를 0.1초 만에 판단하려 한다고 한다.

미소: 안전함, 접근 가능.

분노: 위협, 도망쳐야 함.

무표정: ? (알 수 없음)

뇌는 '알 수 없는 정보(모호함)'를 가장 싫어한
다. 원시 시대에 풀숲이 흔들리는데 그것이 바
람인지 호랑이인지 모를 때, 인간은 일단 '호랑
이(위협)'라고 가정해야 살아남을 수 있었다.

현대 사회에서도 마찬가지이다. 당신의 무표
정을 본 상대방의 뇌는 "정보가 없다 → 불안하
다 → 부정적인 상황일 것이다"라고 자동 연산
을 수행한다. 즉, 당신이 아무런 표정을 짓지 않
는 것은 상대방에게 "나를 경계하라"는 경보음
을 울리는 것과 같다.

무표정의 파괴력

미국의 발달 심리학자 에드워드 트로닉(Edward Tronick) 박사의 유명한 '정지된 얼굴 실험(Still Face Experiment)'은 무표정이 인간에게 얼마나 큰 스트레스를 주는지 적나라하게 보여준다.

1. 엄마가 아기와 눈을 맞추고 웃으며 반응해준다. 아기는 행복해하며 옹알이한다.

2. 실험자가 신호를 보내면, 엄마는 갑자기 표
   정을 싹 지우고 '무표정'으로 아이를 바라
   만 봅니다.

3. 아기는 당황하여 엄마의 관심을 끌기 위해
   손을 뻗고 소리를 지릅니다.

4. 그래도 엄마가 반응이 없자, 아기는 단 2분
   만에 자지러지게 울며 극심한 스트레스 반
   응을 보이고 고개를 돌려버린다.

이 실험은 성인 간의 관계에서도 유효하다. 대
화 도중 상대방이 반응 없이 무표정으로 일관
한다면, 말하는 사람은 심박수가 증가하고 코르
티솔(스트레스 호르몬) 수치가 치솟는다.

부부 싸움에서 가장 치명적인 순간은 고성을
지를 때가 아니라, 한쪽이 입을 다물고 차가운
무표정으로 상대를 투명 인간 취급할 때이다.
이것은 정서적 살인과도 같다

무표정은 전염된다

인간에게는 '거울 뉴런(Mirror Neuron)'이라는 신경 세포가 있다. 타인의 행동이나 표정을 보면 내 뇌에서도 똑같은 부위가 활성화되어 마치 내가 그 행동을 하는 것처럼 느끼게 하는 세포이다.

누군가 하품을 하면 따라 하는 것.

누군가 활짝 웃으면 나도 모르게 미소 짓는 것.

이것이 공감의 원천이다. 하지만 반대로, 당신

이 습관적으로 무표정을 짓고 있다면 어떻게 될까? 당신의 가족, 동료, 친구들은 당신을 볼 때마다 당신의 굳은 얼굴 근육을 무의식적으로 모방하게 된다. 당신의 무표정이 상대방의 기분까지 다운시키고, 결과적으로 집단 전체의 정서적 온도를 떨어뜨리는 '냉각기' 역할을 하게 되는 것이다.

우리는 흔히 "내 얼굴인데 내 마음대로 하면 어때?"라고 생각한다. 하지만 사회적 동물인 인간에게 표정은 단순한 개인의 소유물이 아니라, 타인에게 보내는 '신호등'이다.

무표정은 '빨간불'도 '초록불'도 아닌, 꺼져버린 신호등과 같다. 교차로의 신호등이 꺼지면 사고가 나듯, 관계의 신호등이 꺼지면 오해와 불신이라는 사고가 발생한다.

3장

무표정의
원인

심리적 방어

우리는 왜 상처받지 않기 위해 표정을 지우는가?

우리는 흔히 무표정한 사람을 보면 "생각이 없다", "멍하다", 혹은 "오만하다"라고 느낀다. 하지만 심리학의 렌즈로 들여다본 무표정의 내면은 정반대일 때가 많다. 그들의 내면은 텅 비어 있는 것이 아니라, 감당하기 힘든 감정의 소용돌이로부터 자신을 보호하기 의해 문을 꽉 걸어

잠근 상태에 가깝다.

무표정의 첫 번째이자 가장 강력한 원인, 그것은 바로 '심리적 방어(Psychological Defense)'이다.

입사 6개월 차인 지은 씨(26)는 오늘 부장님께 불려 가 30분째 질책을 듣고 있었다. 처음에는 "죄송합니다"라며 당황한 기색을 보였지만, 부장님의 인신공격성 발언이 섞이자 지은 씨의 얼굴은 점차 차갑게 굳어갔다.

부장님: 자네는 지금 내 말이 우스워? 표정이 왜 그래? 반성하는 기미가 전혀 없잖아!

부장님은 지은 씨의 무표정을 '반항'이나 '무시'로 받아들이고 더 화를 낸다. 하지만 지은 씨의 속마음은 정반대였다.

지은 씨의 속마음: 여기서 울면 끝이야. 약해 보이면 안 돼. 내 자존심마저 무너질 순 없어. 아무 감정도 느끼지 말자. 그래야 버틸 수 있어.

지은 씨에게 무표정은 부장님을 무시하려는 공격 수단이 아니라, 자신의 멘털이 산산조각 나는 것을 막기 위해 급하게 두른 '방탄조끼'였다. 만약 그 순간 방어를 풀었다면, 그녀는 그 자리에 주저앉아 엉엉 울어버렸을지도 모른다.

가정집에서 전기를 너무 많이 쓰면 화재를 막기 위해 '두꺼비집(누전 차단기)'이 내려간다. 전기가 끊기면 집안은 깜깜해지지만, 덕분에 불이 나는 것은 막을 수 있다.

우리의 뇌도 마찬가지이다. 감당할 수 없는 슬픔, 공포, 분노, 수치심이 한꺼번에 밀려올 때, 우리 뇌는 '감정의 스위치'를 꺼버린다. 이것이 겉으로 드러나는 것이 바로 '무표정'이다.

심한 신체적 고통을 겪을 때 순간적으로 쇼크가 와서 통증을 못 느끼는 것처럼, 심리적 고통이 임계치를 넘으면 우리는 표정을 지워버림으로써 고통을 차단한다.

표정을 짓는다는 것은 상대방과 감정을 교류하겠다는 뜻이다. 하지만 상대가 나를 공격하고 있다면? 교류를 끊어야 안전하다. 무표정은 "더 이상 나에게 들어오지 마시오"라는 '접근 금지 푯말'과 같다.

이러한 방어기제는 어린 시절이나 과거의 경험에서 학습되기도 한다. 어릴 때 부모님께 자신의 감정을 솔직하게 표현했다가 오히려 더 혼났거나 -어디서 말대꾸야!, 남자가 왜 울어!- 감정 표현이 묵살당한 경험이 많은 사람은 성인이 되어서도 '포커페이스(Poker Face)'를 생존 전략으로 선택한다.

웃으면 실실거린다고 혼나고,

화내면 성격 나쁘다고 비난받는다.

무표정하면 적어도 공격의 빌미는 주지 않는다.

결국 이들에게 무표정은 타인과 싸우고 싶지 않은, 평화를 유지하고 싶은 (혹은 자신을 보호하고 싶은) 가장 안전한 선택지가 되어버린 셈이다. 이것을 심리학적으로는 '회피성 방어'라고 볼 수 있다.

문제는 이 '방어용 무표정'이 단기적으로는 나를 보호해 주지만, 장기적으로는 나를 고립시킨다는 점이다.

전쟁터에서 갑옷은 생명을 지켜주지만, 평화로운 집 안에서도 갑옷을 입고 있다면 가족 그 누구와도 포옹할 수 없다. 자신을 보호하기 위해 쌓아 올린 무표정의 벽은, 결국 타인의 위로와 사랑이 들어올 틈조차 막아 버리게 된다.

요약하자면 우리가 마주치는 타인의 차가운 무표정 뒤에는, 어쩌면 "나 지금 너무 힘들어서 아무런 반응도 할 수 없어요."라는 소리 없는 비

명이 숨어 있을지도 모른다. 그것은 공격이 아
니라, 가장 처절한 형태의 자기방어이다.

에너지 고갈

표정을 짓는다는 것, 특히 웃는다는 것은 생각보다 '비싼' 행위다. 얼굴에 있는 수십 개의 근육을 미세하게 조정해야 하고, 타인의 감정을 읽어야 하며, 적절한 타이밍에 반응해야 하는 고도의 멀티태스킹이기 때문이다.

그렇다면 우리 몸에 에너지가 바닥나면 어떻게 될까? 우리 몸은 생존을 위해 가장 덜 중요하다고 판단되는 기능부터 전원을 끄기 시작한다. 안타깝게도 그 1순위가 바로 '표정'이다.

　서울에 사는 직장인 박 대리(34)의 퇴근길 풍
경을 떠올려 보자. 오후 7시, 지옥철이라 불리
는 지하철 2호선. 박 대리는 운 좋게 자리에 앉
았지만, 그의 얼굴은 마치 밀랍 인형처럼 굳어
있다.

　오늘 하루 박 대리는 치열했다.

　오전 회의에서는 상사의 썰렁한 농담에 '사회
생활용 미소'를 지어야 했고, 오후 클레임 고객
앞에서는 끓어오르는 화를 누르며 '죄송합니다'
라는 표정을 유지했다. 하루 종일 가면을 쓰고
연기를 한 셈이다.

　지하철 차창에 비친 자기 얼굴을 본 박 대리
는 깜짝 놀란다. 입은 멍하니 벌어져 있고, 눈동
자는 초점을 잃어 흐릿하다. 화가 난 것도, 슬픈
것도 아니다. 단지 얼굴 근육을 들어 올릴 힘조

차 남아있지 않은 상태이다.

그때, 맞은편에 앉은 사람들을 본다. 모두가 박 대리와 똑같은 '텅 빈 얼굴'을 하고 스마트폰만 바라보고 있다. 이들에게 무표정은 서로에 대한 무시가 아니라, 집까지 살아서 돌아가기 위한 처절한 휴식이다.

스마트폰 배터리가 5% 남았을 때를 생각해 보자. 화면은 어두워지고, 백그라운드 앱은 정지되며, 화려한 기능들은 모두 차단된다. 오직 전화받고 거는 기본 기능만 작동한다. 이것이 '저전력 모드'이다.

인간의 뇌도 똑같이 작동한다. 이를 심리학과 뇌과학에서는 '자아 고갈(Ego Depletion)' 상태라고 부른다.

하루 종일 타인을 배려하고 감정을 억제하느라 뇌의 전두엽(이성적 판단과 통제를 담당) 에너지를 다 써버렸다. 생존 본능 입장에서 볼 때, 심장이 뛰고 숨을 쉬는 것은 '필수재'이지만, 미소를 짓고 맞장구를 치는 것은 에너지가 많이 드는 '사치재'이다. 뇌는 표정 근육(특히 입꼬리를 올리는 대관골근 등)으로 가는 신호를 차단해 버린다. 에너지를 아껴야 집에 걸어갈 수 있기 때문이다. 즉, 에너지 고갈 상태에서의 무표정은 "당신이 싫어요"가 아니라, "지금 내 시스템이 다운되기 직전이다."라는 구조 신호에 가깝다.

서비스직 종사자나 감정노동이 심한 직군에서 자주 나타나는 현상이 있다. 일할 때는 과도하게 웃다가, 혼자 있거나 편한 사람(가족) 앞에서는 표정이 급격히 사라지는 것이다.

이는 마치 고무줄과 같다. 하루 종일 팽팽하게 당겨져 있던 고무줄(억지 미소)을 놓는 순간, 탄력을 잃고 축 늘어져 버리는 것과 같다.

집에 돌아온 남편이나 아내가 무표정하게 소

파에만 앉아 있다고 해서 "나한테 식은 거야?"
라고 섣불리 비난해서는 안 되는 이유가 여기에
있다. 그들은 지금 밖에서 쓰다 남은 에너지가
'0'인 상태로, 가장 안전한 공간에서 가면을 벗
고 널브러져 있는 중이기 때문이다.

따라서 에너지 고갈로 인한 무표정은 부정적
으로만 볼 것이 아니다. 그것은 뇌가 휴식을 취
하고 있다는 증거이기도 하다.

멍하니 허공을 응시하는 그 순간(멍때리기), 우
리의 뇌는 과열된 회로를 식히고 정보를 정리한
다. 억지로 표정을 지으려 노력하지 않고 근육
을 이완시킨 그 무표정한 상태야말로, 다음 날
다시 웃기 위해 필요한 충전의 시간이다.

현대 사회의 무표정은 타인을 향한 공격성을
잃어버린 것이 아니라, 자기 자신을 지탱할 힘
조차 소진된 상태이다. 그러니 지친 타인의 무
표정 앞에서 우리가 느껴야 할 것은 서운함이

아니라, "오늘 하루도 참 많이 애썼구나" 하는
짠한 연민이어야 한다.

디지털 단절

우리는 왜 '(크크크)'를 치면서 정작 얼굴은 웃지 않는가? 우리는 인류 역사상 가장 많이 '연결(Connected)'되어 있는 시대에 살고 있다. 지구 반대편의 소식을 실시간으로 듣고, 수백 명의 친구와 동시에 대화한다. 하지만 아이러니하게도, 물리적 공간에서의 우리는 역사상 가장 '고립'된 표정을 짓고 있다.

주말 오후, 분위기 좋은 카페 창가 자리에 앉

은 연인, 민호 씨(29)와 수진 씨(27)를 관찰해 본다. 두 사람은 맛있는 커피와 디저트를 앞에 두고 있다. 데이트 중이니, 행복해야 마땅한 상황이다. 하지만 제삼자가 본 그들의 모습은 기이할 정도로 정적이다.

두 사람은 서로의 눈을 보는 대신, 각자의 스마트폰 화면으로 고개를 떨구고 있다. 가끔 수진 씨가 "오빠, 이거 봤어? 대박 웃겨!" 하며 화면을 보여준다. 민호 씨는 1초 정도 힐끗 보고 "어, 진짜네" 하고는 다시 자신의 화면으로 돌아간다.

가장 기이한 장면은 그다음이다. 민호 씨는 친구들의 단톡방에 'ㅋㅋㅋ 진짜 개웃겨😂😂😂'라는 메시지를 전송한다. 하지만 그 문장을 타이핑하는 민호 씨의 실제 얼굴은 완벽한 무표정입니다.

온라인 자아: 박장대소하며 바닥을 구르는 중

(😄)

오프라인(현실) 자아: 근육 하나 움직이지 않는 석고상

그들은 함께 있지만 함께 있지 않다. 그들의 표정은 상대방을 향한 것이 아니라, 6인치 화면 속의 데이터를 향해 멍하니 열려 있을 뿐이다.

영어 신조어 중에 '퍼빙(Phubbing)'이라는 말이 있다. 전화(Phone)와 무시(Snubbing)의 합성어로, 스마트폰을 보느라 눈앞의 상대방을 무시하는 행위를 뜻한다.

표정은 '탁구'와 같다. 내가 공(미소)을 보내면, 상대가 받아쳐 줘야(미러링) 게임이 이어진다. 하지만 내가 웃으며 이야기했는데 상대방이 고개만 끄덕이며 시선은 스마트폰에 고정되어 있다면? 나의 뇌는 즉시 "내 감정이 거절당했다"고 판단한다.

무안해진 나는 표정을 거두고, 나 역시 스마트폰을 꺼내 든다. 결국 두 사람 모두 무표정한 채 각자의 기계만 바라보게 된다.

이 과정이 반복되면서 우리는 타인의 얼굴 미세한 변화를 읽어내는 능력을 점차 상실하게 된다. 화면 속 정보는 자극적이지만, 내 앞의 사람에게 반응할 필요는 없게 만든다. 이것이 '디지털 무표정'의 핵심이다.

과거에는 "재미있다"라는 감정을 표현하려면 입꼬리를 올리고 눈을 반달로 만들어 '웃어야' 했다. 하지만 이제는 그 수고로운 육체노동을 할 필요가 없다. 손가락만 까딱해서 이모티콘 하나만 누르면 되기 때문이다.

우리는 점차 감정 표현을 디지털 기호에 '외주'를 주고 있다. 미안한 표정을 짓는 대신 'ㅠㅠ'를 보낸다. 화난 표정을 짓는 대신 '붉은 얼굴 이모티콘'을 보낸다.

편리하지만, 부작용은 명확하다. 쓰지 않는 근육이 퇴화하듯, 쓰지 않는 표정 근육도 퇴화한다. 디지털 소통에 익숙해질수록 현실 세계에서 복잡 미묘한 표정을 짓는 것이 어색하고 귀찮아진다. 그래서 우리는 점점 더 '기본값(Default)'인 무표정으로 회귀하게 된다.

마지막으로, 우리가 스마트폰을 볼 때 짓는 특유의 표정이 있다. 턱을 약간 당기고, 눈은 가늘게 뜨거나 고정하고, 입은 굳게 다문 모습이다.

뇌가 텍스트나 영상을 처리하고 정보를 습득할 때, 우리는 '감정'을 배제하고 '집중' 모드로 들어간다. 쇼츠(Shorts)나 릴스 같은 숏폼 콘텐츠를 볼 때를 생각해 보자. 뇌는 엄청난 도파민 자극을 받고 있지만, 겉모습은 넋이 나간 듯한

멍한 무표정이다.

이 '스크린 얼굴'이 하루 평균 4~5시간씩 지속된다. 깨어 있는 시간의 1/3 이상을 무표정한 정보 처리 기계로 살아가고 있는 셈이다. 이 관성이 일상 대화까지 침투하여, 사람을 볼 때도 마치 정보를 처리하듯 분석적이고 건조한 무표정을 짓게 만든다.

디지털 기기는 우리에게 전 세계를 보여주었지만, 역설적으로 바로 앞사람의 미소를 볼 기회는 앗아갔다. 우리가 짓는 무표정은 어쩌면 기술의 편리함에 길들어, '사람 냄새 나는 소통'을 잊어버린 대가일지 모른다.

지금 당장, 눈앞에 있는 사람을 위해 스마트폰을 뒤집어 놓자. 그리고 이모티콘 대신 당신의 진짜 얼굴 근육을 사용해 웃어보자. "HD 화질의 액정보다, 당신의 실제 눈동자가 훨씬 더 많은 것을 말해줄 것이다."

환경적 요인

앞서 우리는 무표정의 원인을 개인의 심리나 피로도에서 찾았다. 하지만 시야를 조금 더 넓혀보자. 혹시 우리가 살고 있는 이 '공간' 자체가 우리에게 무표정을 강요하고 있는 것은 아닐까?

식물이 토양과 기후에 따라 색깔이 달라지듯, 인간의 표정도 자신이 처한 환경에 적응하며 변화한 현대 사회의 환경적 요인들이 어떻게 우리의 얼굴을 '무표정'이라는 보호색으로 덮어버렸는지 알아보자.

출근 시간, 20층 건물의 엘리베이터. 문이 열리고 김 과장이 탑승한다. 이미 안에는 잘 모르는 사람들로 가득 차 있다. 김 과장은 최대한 몸을 구겨 넣으며 "잠시만요"라고 작게 웅얼거린다.

문이 닫히는 순간, 기이한 침묵이 흐른다. 모두의 시선은 약속이라도 한 듯 '허공'이나 '층수 표시기'를 향해 있다. 누구 하나 옆 사람과 눈을 마주치지 않는다.

심지어 거울에 비친 자기 자신과도 눈을 마주치지 않으려 애쓴다. 좁은 공간에서 누군가 싱글벙글 웃으며 두리번거린다면? 아마 '이상한 사람' 혹은 '위험한 사람' 취급받을 것이다. 김 과장 역시 최대한 근육을 움직이지 않는 '돌부처 모드'로 15초를 견딘다. 이것이 현대인이 도시에서 살아남는 가장 일반적인 생존 방식이다.

사회심리학자들은 이를 '예의 바른 무관심'이
라고 부른다.

도시는 너무 많은 사람으로 붐빈다. 지하철,
버스, 엘리베이터 등에서 우리는 타인의 '퍼
스널 스페이스(Personal Space, 심리적 안전거리)'
를 본의 아니게 침범해야 한다. 모르는 사람과
30cm 거리에서 숨결이 닿을 정도로 붙어 있어
야 하는 상황은 뇌에 엄청난 스트레스와 공격
신호를 준다.

이때 '무표정'은 일종의 항복 선언이자 평화 조
약이다.

"나는 당신을 해칠 의도가 없습니다. 그리고 당신
에게 관심도 없습니다. 그러니 안심하세요."

만약 붐비는 지하철에서 옆 사람을 빤히 쳐다
보거나 표정을 지으며 반응한다면, 그것은 오히
려 공격이나 추행으로 오해받기 십상이다. 즉,
도시의 과밀한 환경이 우리에게 서로를 '투명 인

간' 취급하도록 훈련한 것이다.

지난 몇 년간의 팬데믹 상황은 환경적 요인의 정점이었다. 우리는 3년 가까이 마스크 속에 얼굴 절반을 숨기고 살았다. 이것은 단순히 바이러스를 막는 것을 넘어, 표정 소통의 환경을 완전히 바꿔버렸다.

많은 사람이 마스크를 쓰면서 기묘한 안도감을 느꼈다고 고백한다.

"억지로 웃지 않아도 돼서 편하다."

"싫은 표정을 지어도 들키지 않아서 좋다."

"화장을 안 해도 되니(표정 관리를 안 해도 되니) 자유롭다."

문제는 마스크를 벗은 지금이다. 얼굴의 하관(입 모양)은 감정 표현의 70% 이상을 담당한다. 하지만 오랫동안 입 주변 근육을 써서 감정을 드러낼 필요가 없었던 환경 탓에, 우리는 '얼굴 근육의 퇴화'를 겪게 되었다.

마스크라는 보호막이 사라진 지금, 사람들은 맨얼굴을 드러내는 것을 마치 속옷만 입고 거리에 나온 것처럼 부끄러워하거나 어색해한다. 그래서 더 경직된 무표정으로 불안함을 감추려 하는 것이다.

우리가 걷는 거리를 둘러보자. 번쩍이는 네온사인, 시끄러운 경적, 쉴 새 없이 쏟아지는 광고판, 스마트폰의 알림음…. 도시는 감각 자극으로 과포화 상태이다.

인간의 뇌가 처리할 수 있는 정보량에는 한계가 있다. 입력값(Input)이 너므 많으면, 뇌는 과부하를 막기 위해 출력값(Output)을 제한한다.

너무 시끄러운 곳에 가면 오히려 귀를 막고 눈을 감게 되듯, 자극이 넘쳐나는 도시 환경 속에서 우리는 불필요한 에너지 소므를 막기 위해 감정의 셔터를 내리게 된다.

지나가면서 마주치는 수백 명의 사람에게 일일이 미소를 짓거나 반응하다가는 뇌가 타버릴지도 모른다. 그래서 우리는 '군중 속의 고독'을 자처하며, 철저한 무표정으로 자신만의 보호막(Shield)을 치고 걷는 것이다.

우리의 무표정은 단순히 차가운 성격 탓이 아니다. 빽빽한 빌딩 숲, 숨 막히는 인구 밀도, 그리고 과도한 시각적 소음 속에서 나만의 작은 평화를 지키기 위해 진화시킨 '도시형 보호색'이다.

회색 도시의 벽돌 색깔을 닮아버린 우리의 얼굴. 이 환경을 바꿀 수 없다면, 적어도 우리가 안전한 공간(집, 친구와의 만남)에 도착했을 때만큼은 의식적으로 '보호색'을 해제하는 연습이 필요하다. 갑옷은 전쟁터에서만 입는 것으로 충분하니까.

4장

미소의
놀라운 효과

미소는 우리가 상상하는 것보다 훨씬 많은

긍정적인 효과가 있다.

미소의 효과를 기억하고

적극적으로 미소를 짓는 계기가 되어야겠다.

정신·육체 건강 측면

돈 안 드는 최고의 영양제! 미소가 당신을 구원하는 법! 비가 추적추적 내리는 월요일 아침이다. 주말의 달콤한 휴식은 온데간데없고, 꽉 막힌 도로 위에서 이미 지칠 대로 지쳐 있다. 회사 로비에 도착했을 때 표정은 아마도 세상의 모든 근심을 짊어진 사람 같았을 거다. 무거운 몸을 이끌고 1층 카페에 들렀다.

"아이스 아메리카노 한 잔이요."

무미건조한 내 주문에, 아르바이트생은 뜻밖의 반응을 보였다.

"비가 와서 출근길 힘드셨죠? 커피 드시고 힘내세요!"

그녀는 눈이 휘어질 정도로 환한 미소를 지으며 커피를 건넸다. 그 순간, 놀라운 일이 일어났다. 찌푸려져 있던 내 미간이 펴지고, 나도 모르게 "아, 감사합니다!" 하며 따라 웃게 된 것이다. 엘리베이터를 타는 내내 기분은 묘하게 가벼워졌다. 고작 1초, 입꼬리를 올린 그 짧은 순간이 잿빛이었던 나의 아침을 편안한 파스텔톤으로 바꿔놓은 셈이다.

우리는 흔히 '행복해서 웃는다'라고 생각한다. 하지만 과학자들은 조금 다른 이야기를 한다. 때로는 '웃어서 행복해진다'라는 것이다.

우리 뇌는 생각보다 단순하고, 또 귀여운 구석이 있다. 독일의 심리학자 프리츠 스트랙(Fritz

Strack)의 유명한 '볼펜 실험'은 이 사실을 증명한다.

그는 사람들을 두 그룹으로 나눴다. A그룹은 볼펜을 입술로만 물게 해 억지로 찡그린 표정을 짓게 했고, B그룹은 볼펜을 어금니로 물게 해 억지로 입꼬리가 올라간 '미소 짓는 표정'을 만들게 했다. 그 상태로 똑같은 만화를 보여 주며 얼마나 재미있는지 점수를 매기게 했다.

결과는 놀랍게도 억지로라도 미소 짓는 표정을 한 B그룹이 만화를 훨씬 더 재미있다고 평가하였다. 이것이 바로 '안면 피드백 가설(Facial Feedback Hypothesis)'이다.

우리가 웃는 표정을 지으면, 안면 근육의 움직임이 뇌로 전달된다. 뇌는 상황을 분석하기도 전에 이렇게 판단한다.

"어? 주인이 입꼬리 근육을 올렸네? 지금 뭔가 기분 좋은 일이 있나 보군! 행복 호르몬을 내보내자!”

그러면 뇌는 도파민(행복)과 세로토닌(안정)을 펑펑 쏟아낸다. 기분이 좋아서 웃는 게 아니라, 일단 웃는 시늉만 해도 뇌는 즐거운 착각에 빠져 우리의 기분을 실제로 좋게 만들어 주는 것이다. 우울할 때 억지로라도 거울을 보고 웃어보라는 조언은, 단순한 위로가 아니라 뇌과학적인 처방전인 셈이다.

미소의 효과는 기분을 바꾸는 데서 그치지 않는다. 미소는 우리 몸이 만들어내는 가장 강력한 ‘천연 진통제’이자 ‘면역 강화제’이다.

혹시 예방주사를 맞을 때 잔뜩 찡그리며 긴장해 본 적 있는가? 연구에 따르면, 주사를 맞거나 통증이 느껴질 때 미소를 짓거나 편안한 표정을 지으면 실제로 고통이 덜 느껴진다고 한다. 웃음은 엔도르핀 분비를 촉진해 통증을 완화하고, 스트레스 호르몬인 코르티솔 수치를 급격히 낮춰주기 때문이다.

심지어 미소는 심장을 튼튼하게 한다. 미국의 한 대학 연구팀이 스트레스 상황에서 젓가락을 이용해 억지로 미소를 짓게 한 실험을 했다. 그 결과, 미소를 지은 그룹은 무표정했던 그룹보다 심박수가 훨씬 빨리 안정되었다.

우리가 웃을 때 우리 몸속에서는 NK세포(자연살해세포 /Natural Killer Cell)가 활성화된다. 이 세포는 몸속을 돌아다니며 바이러스나 암세포를 공격하는 든든한 군대이다. 즉, "웃으면 복이 온다"라는 옛말은 "웃으면 면역력이 온다"로 바뀌어야 할 과학적 사실인 것이다.

다시 월요일 아침의 카페로 돌아가 보자. 그 아르바이트생의 미소가 내게 전염되었듯, 내가 지은 미소는 사무실에 도착해 마주친 동료에게, 그리고 저녁 식탁에서 가족에게도 전염될 수 있다.

건강을 위해 우리는 비싼 영양제를 사 먹고, 힘들게 땀 흘려 운동을 한다. 하지만 가장 강력하고, 부작용이 없으며, 심지어 돈도 들지 않는 건강 비법은 바로 우리 코 밑에 있음을 알아야 한다.

지금 당장 거울을 보거나, 스마트폰의 셀카 모드를 켜보라. 그리고 딱 10초만, 눈가에 주름이 잡힐 정도로 환하게 웃어보라. 뇌가 "어? 행복하네?"라고 착각하는 그 순간, 당신의 몸과 마음은 이미 치유되기 시작한다.

"행복해서 웃는 것이 아니다. 건강하고 행복해지기 위해, 우리는 오늘도 웃어야 한다."

언어·소통 측면

    몇 년 전, 프랑스 파리로 여행을 갔을 때의 일이다. 불어라곤 "봉주르(Bonjour)"밖에 모르는 상태로 동네 작은 빵집에 들어갔다. 진열대 너머의 주인 할머니는 영어를 전혀 못 하셨고, 나는 손가락으로 빵을 가리키며 쩔쩔매고 있었다.

    뒤에 기다리는 손님들의 시선이 따갑게 느껴져 식은땀이 흐르던 그때, 나는 무안함을 감추려 할머니와 눈을 맞추고 멋쩍은 미소를 지었

다. 그러자, 딱딱하게 굳어 있던 할머니의 표정
이 순식간에 무장 해제되었다. 할머니는 나에게
윙크를 한번 보내시더니, 손가락으로 빵 개수
를 세어가며 천천히 주문을 받아주셨다. 계산
을 마치고 나올 때 할머니가 건넨 따뜻한 미소
는 "말은 안 통해도 네 마음 다 안다."라는 위로
처럼 느껴졌다.

그날 또 하나의 깨달음이 생겼다. 세상에서
가장 성능 좋은 통역기는 스마트폰 앱이 아니
라, 바로 얼굴에 있다는 사실을.

우리는 종종 친구와 메신저나 문자로 대화하
다가 사소한 것으로 다투곤 한다. "알겠어."라는
짧은 문자 하나가 때로는 차갑게, 때로는 화난
것처럼 보이기 때문이다. 하지만 얼굴을 보고
이야기할 때는 같은 "알겠어"라도 웃으면서 말하
면 긍정의 의미로, 눈을 맞추며 말하면 신뢰의
의미로 전달된다.

커뮤니케이션 전문가 앨버트 메라비언(Albert Mehrabian)은 대화에서 말의 내용(언어)이 차지하는 비중은 고작 7%에 불과하다고 했다. 나머지 93%는 목소리의 톤과 표정, 태도 같은 비언어적 요소가 결정한다는 것이다.

미소는 이 93%의 영역에서 가장 강력한 무기이다. 딱딱한 거절의 말도 미소와 함께라면 "당신을 존중하지만 어쩔 수 없다."라는 정중함이 되고, 서툰 사과의 말도 미소와 함께라면 "진심으로 미안하다."라는 호소력을 갖게 된다. 미소는 말이라는 건조한 텍스트어 감정이라는 윤활유를 발라주는 역할을 한다.

언어가 없던 원시 시대를 상상해 보자. 낯선 부족과 마주쳤을 때, 상대가 적인지 아군인지 어떻게 판단했을까? 인류학자들은 '미소'가 바로 그 안전장치였다고 말한다.

동물 세계에서 이빨을 드러내는 것은 보통 공

격 신호이다. 하지만 인간은 인간 사회에서 입
모양을 반대로 이용했다. "나는 무기가 없어요",
"나는 당신을 공격할 의사가 없어요"라는 평화
협정의 신호로 입꼬리를 올리고 눈웃음을 짓기
시작한 것이다.

이 본능은 현대 사회의 비즈니스나 대인관계
에서도 여전히 유효하다. 처음 만난 거래처 직
원이나 서먹한 이웃에게 건네는 미소는 "나는
당신에게 열려 있습니다(Open)"라는 무언의 메
시지이다. 미소 짓는 사람에게 우리가 본능적으
로 경계심을 풀고 말을 더 쉽게 거는 이유도 여
기에 있다.

말주변이 없어서 고민이라는 사람들을 종종
만난다. 그들은 화려한 언변으로 좌중을 휘어잡
고 싶어 한다. 하지만 진정한 소통의 달인은 말
을 잘하는 사람이 아니라, 표정을 잘 쓰는 사람
이다.

유창한 외국어 실력이나 논리적인 말솜씨가 없어도 괜찮다. 상대방의 눈을 바라보며 지어 보이는 진실한 미소 하나면, 복잡한 문법이나 수려한 미사여구보다 훨씬 더 깊숙이 상대의 마음에 닿을 수 있다.

오늘 누군가와 대화가 잘 통하지 않는다고 느껴지는가? 그렇다면 내가 지금 어떤 표정을 짓고 있는지 거울을 한번 확인해 보길 바란다. 어쩌면 당신에게 필요한 건 더 나은 단어가 아니라, 조금 더 부드러운 미소일지도 모른다.

성과 측면

왜 일 잘하는 사람은 잘 웃을까?

오래전 취업 준비생 시절, 원하던 회사의 최종 면접 날이었다. 스펙은 다른 지원자들에 비해 턱없이 부족했고, 긴장한 탓에 손에서는 땀이 멈추지 않았다. 대기실에 앉아 있는 경쟁자들은 모두 날카롭고 비장한 표정으로 예상 질문지를 외우고 있었다.

그때 문득, "어차피 떨어질 거라면 세상에서

가장 기분 좋은 지원자로 기억되자"라는 오기가 생겼다. 면접장에 들어서자마자 저는 심호흡을 한 번 하고, 면접관 한 분 한 분과 눈을 맞추며 환하게 웃으며 인사했다.

그 순간, 딱딱했던 면접장의 공기가 조금 부드러워짐을 느꼈다. 압박 질문이 쏟아질 거라 예상했던 것과 달리, 대화는 둘 흐르듯 이어졌고 나는 준비한 것 이상으로 생각을 조리 있게 답변할 수 있었다. 결과는 6명 중 나를 포함해 2명만 합격했다. 나중에 들은 이야기지만, 당시 면접관은 내게 가장 높은 점수를 주며 이렇게 메모했다고 한다. "스펙은 다소 부족하나 가장 여유로워 보임. 위기 상황에서도 당황하지 않고 일을 해결할 것 같음."

우리는 흔히 진지하고 심각한 표정을 지어야 일을 열심히, 그리고 잘하는 것처럼 보인다고 착각한다. 미간을 찌푸리고 모니터를 뚫어져라

처다봐야 '프로페서널'해 보인다고 생각한다.

하지만 심리학의 연구 결과는 정반대이다. 사람들은 미소 짓는 사람을 볼 때 '더 유능하다', '자신감 있다', '신뢰할 수 있다'라고 평가하는 경향이 있다. 이를 심리학에서는 '후광 효과(Halo Effect)'라고 부른다. 미소라는 긍정적인 요소 하나가 그 사람의 지능이나 업무 능력까지 긍정적으로 보이게 만드는 착시 효과이다.

반면, 늘 찡그린 표정은 타인에게 '지금, 이 상황이 버겁다', '나는 스트레스를 감당하지 못하고 있다'라는 무능력의 신호로 읽힐 위험이 있다. 진정한 고수는 위기 상황일수록 옅은 미소를 띠며 주변을 안심시킨다.

미소는 타인에게 보여주기 위한 것만이 아니다. 미소는 나의 뇌 성능을 끌어올리는 가장 빠른 스위치이기도 하다.

억지로라도 웃어서 기분을 좋게 만들면, 우리

뇌에서는 '도파민'이 분비된다. 도파민은 뇌의 전두엽을 자극해 문제 해결 능력과 창의력을 높여준다. 기분이 좋을 때 꽉 막혔던 아이디어가 갑자기 떠오르거나, 복잡한 문제가 쉽게 풀린 경험이 있지 않으신가?

반대로 스트레스받아 찡그리면 뇌는 '터널 시야(Tunnel Vision)' 상태에 빠진다. 시야가 좁아져 눈앞의 문제에만 집착하게 도고, 창의적인 해결책을 찾지 못하게 된다. 성과를 내고 싶다면, 책상 앞에 앉아 가장 먼저 해야 할 일은 인상을 쓰는 것이 아니라 입꼬리를 올리는 것이다. 당장 시험해 보기 바란다.

비즈니스 협상이나 영업에서도 미소는 강력한 무기이다. 미국의 한 연구에 따르면, 미소를 짓는 웨이터는 그렇지 않은 웨이터보다 팁을 받을 확률이 훨씬 높았고, 웃는 얼굴로 제품을 설명하는 판매원의 실적이 월등히 좋았다.

이유는 간단하다. 미소는 상대방의 경계심을 무장 해제시키기 때문이다. 우리는 본능적으로 나에게 호의적인(웃는) 사람의 부탁을 거절하는 것을 어려워한다. 이를 '상호성의 법칙'이라고도 볼 수 있다. "당신이 나에게 미소(호의)를 주었으니, 나도 당신에게 긍정적인 결과(계약, 구매)를 주어야 한다"라는 무의식이 작용하는 것이다.

까다로운 클라이언트나 상사를 설득해야 할 경우가 있는가? 논리적인 자료를 들이밀기 전에, 먼저 부드러운 미소로 분위기를 선점해 보길 바란다. 이미 절반은 이기고 들어가는 게임이 될 것이다.

많은 사람이 "성공하면 웃겠다", "연봉이 오르면 행복해질 것이다"라고 말하며 현재의 미소를 유보한다. 하지만 순서가 바뀌었다. 행복한 표정으로 일하는 사람이 더 창의적이고, 더 많은 기회를 얻으며, 결국 더 빨리 성공한다.

미소는 돈 한 푼 들이지 않고 나의 가치를 높이는 최고의 '퍼스널 브랜딩'이자, 뇌의 효율을 높이는 '부스터'이다. 오늘 하루, 당신의 성과를 높이고 싶다면 거울을 보고 웃는 연습부터 시작해 보는 건 어떨까? 그것이 성공으로 가는 가장 빠르고 즐거운 지름길일지도 모른다.

안전 측면

　수십 톤의 자재가 오가는 대형 건설 현장, 아침 조회 시간의 공기는 무겁기만 하다. 현장 소장님의 굳은 표정으로 "요즘 같은 분위기에 혹시 사고라도 나면 다 죽는 거야! 정신 똑바로 차려!"라고 소리친다. 작업자들은 잔뜩 위축되어 땅만 바라본다.

　반면, 바로 옆 B 구역의 조회 시간은 조금 다르다. 반장님이 작업자 한 명 한 명의 어깨를 두

드리며 웃는 얼굴로 묻는다. "김 씨, 어제 딸 생일이었다며? 잘 보냈어? 오늘 컨디션은 좀 어때?" 작업자들의 얼굴에 옅은 미소가 번지고, "어제 잠을 좀 설쳤는데 조심해야겠습니다"라며 솔직한 상태를 털어놓기도 한다.

과연 어느 구역이 더 안전했을까? 놀랍게도 늘 엄격하게 군기를 잡았던 A 구역보다, 웃으며 서로의 안부를 묻던 B 구역의 무사고 기록이 훨씬 길었다. 안전은 긴장 속에서 지켜지는 것이 아니라, 소통 속에서 지켜지기 때문이다.

우리는 흔히 "군기가 빠져서 사고가 난다"라고 말하며 작업자를 다그친다. 하지만 뇌과학적으로 보면, 지나친 긴장과 공포는 오히려 사고를 유발하는 주범이다.

사람이 스트레스받거나 위축되면 뇌는 비상 사태를 선포하고 '터널 시야(Tunnel Vision)' 상태가 된다. 마치 터널 안에 갇힌 것처럼 시야가 좁아져, 바로 옆에서 다가오는 지게차나 머리 위의 낙하물을 미처 보지 못하게 되는 것이다.

이때 필요한 것이 바로 동료의 '미소'이다. 아침에 나눈 따뜻한 미소 한 번은 긴장한 뇌를 이완시켜 시야를 넓혀준다. 주변의 위험 요소를 더 빨리 감지하고, 돌발 상황에 유연하게 대처할 수 있는 '신체적 여유'를 만들어 주는 것이다. 미소는 굳어 있는 몸을 풀어주는 최고의 준비운동이다.

산업 현장에서 가장 무서운 사고는 '감추어진 실수'에서 시작된다. "이거 부품이 좀 이상한데?", "어제 깜빡하고 점검을 안 했는데…."

상사가 무섭게 인상을 쓰고 있다면, 작업자는 혼날까 봐 두려워 작은 실수를 숨기게 된다. 이 작은 균열들이 모여 결국 대형 사고가 터지게 된다. 하인리히의 법칙(대형 사고 전에는 수많은 징후가 있다는 법칙)이 그대로 적용되는 순간이다.

하지만 서로 웃으며 대화하는 문화가 있다면 어떨까? 이를 전문 용어로 '심리적 안전감(Psychological Safety)'이라고 한다. "반장님, 저 아까 실수로 이걸 건드렸는데 다시 확인해야 할 것 같아요."라고 웃으며 말할 수 있는 분위기. 이 솔직한 보고가 동료의 목숨을 구한다. 리더의 미소는 "실수를 보고해도 당신을 비난하지 않겠다."라는 무언의 약속이자 안전장치이다.

안전 장비(PPE)[1]를 착용하는 것은 나 자신을 지키는 일이지만, 서로에게 미소를 보내는 것은 동료를 지키는 일이다.

서먹하고 냉랭한 사이에서는 위험한 행동하는 동료를 봐도 "어, 저러면 안 되는데…" 하고 속으로만 생각하고 지나치기 쉽다. 남의 일에

---

1)   PPE : Personal Protective Equipment(개인보호장비)

참견했다가 싫은 소리를 들을까 봐 걱정되기 때문이다.

하지만 평소 웃으며 인사를 나눈 사이라면 다르다. "어이, 김 씨! 안전고리 안 걸었잖아! 큰일 날 뻔했네!"라며 큰 소리로 외쳐줄 수 있다. 미소로 쌓인 유대감이 서로의 안전을 챙겨주는 '오지랖'을 허용하게 만드는 것이다.

우리는 현장에 나갈 때 안전모를 쓰고, 안전화를 신고, 안전벨트를 맨다. 하지만 정작 가장 중요한 '마음의 안전 장비'는 챙기지 않을 때가 많다.

오늘 현장에 도착하면, 혹은 사무실에 들어서면 동료에게 먼저 환한 미소를 건네기 바란다. 그것은 단순히 기분 좋아지라는 인사가 아니다. "오늘도 우리 서로 챙겨주며 다치지 말자"는 가장 강력한 안전 수칙의 실천이다.

가장 안전한 현장은 경고 문구가 가득한 곳이

아니라, 웃음소리가 들리는 곳임을 꼭 기억해야
한다.

5장

이제 미소 근육을 깨우자

미소 지음의 원리 및
훈련 방법

나의 잠든 미소를 깨우는 3단계 트레이닝

아침에 일어나 거울을 보았을 때, 혹은 쇼윈도에 비친 무심코 걷던 내 모습을 봤을 때 놀란 적 없으신가? "내가 이렇게 화난 표정이었나?" 하고 말이다. 누구나 나이가 들면서 더욱 이런 상황이 빈번해질 것이다.

우리는 살면서 점점 웃을 일을 잃어간다. 하지만 더 큰 문제는 ‘웃는 방법’을 잊어버린다는 것이다. 웃음도 걷기나 수영처럼 근육을 사용하는 운동이다. 오랫동안 쓰지 않은 근육이 퇴화하듯, 얼굴의 ‘미소 근육’도 쓰지 않으면 굳어버리고 중력에 의해 축 처지게 된다.

오늘부터 우리는 잃어버린 미소를 되찾는 재활 훈련을 시작해야 한다. 감정이 아니라 근육을 움직여 뇌를 깨우는 과학적인 ‘스마일 트레이닝’이다.

훈련에 앞서 딱 하나의 원리만 기억하면 된다. 바로 ‘뇌는 단순하다’라는 것이다.

우리 뇌는 얼굴 근육의 움직임을 감지해 감정을 파악한다. 입꼬리를 올리는 ‘큰광대근(대관골근)’이 수축하면, 뇌는 “아, 지금 주인이 행복하구나!”라고 판단하고 행복 호르몬인 세로토닌과 도파민을 분비한다.

즉, 미소는 마음의 결과물이 아니라, 행복을 만드는 스위치이다. 이 스위치가 녹슬지 않도록 기름칠하고 조여주는 것이 이번 훈련의 목표이다.

실전! 미소 근육 깨우기 3단계

하루 1분, 다음의 단계를 따라 해 보자. 남들 볼 때 하면 조금 부끄러울 수 있으니, 화장실이나 엘리베이터 거울 앞에서 하는 것을 추천한다.

1단계: 굳은 얼굴 풀기(워밍 업)

딱딱하게 굳은 찰흙으로는 예쁜 모양을 빚을 수 없다. 얼굴도 마찬가지이다. 긴장된 근육을 풀어줍시다.

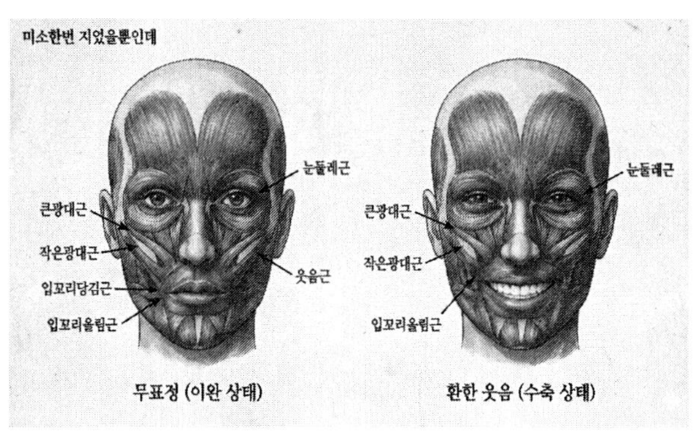

‘푸르르’ 입술 떨기: 입술에 힘을 완전히 빼고, 말들이 숨을 내쉬며 투레질하듯 “푸르르르~” 하고 입술을 떨어준다. 3회 반복한다.

‘아-에-이-오-우’ 체조: 얼굴 전체 근육을 최대한 크게 사용하여 ‘아, 에, 이, 오, 우’를 소리 없이 발음한다. 눈과 코, 턱이 뻐근할 정도로 크게 움직이는 것이 포인트이다.

2단계: 입꼬리 올리기(큰광대근 강화)

미소의 핵심 엔진인 '입꼬리'를 단련하는 단계이다.

'개구리 뒷다리' 10초: "개구리 뒷다리~"라고 말하며 마지막 '리' 자에서 입꼬리를 귀 쪽으로 최대한 당긴다.

볼펜 물기: 나무젓가락이나 깨끗한 볼펜을 가로로 앙 물어본다. 이때 볼펜이 입술에 닿지 않고 이빨로만 물어야 한다. 입꼬리가 강제로 올라가는 느낌이 들 텐데, 그 상태로 10초간 버틴다.

3단계: 눈웃음 장착하기(뒤셴 미소 완성)

입만 웃고 눈은 웃지 않으면 소위 '썩소(비웃음)'처럼 보일 수 있다. 진짜 미소는 눈가 근육(눈둘레근)이 함께 움직여야 완성된다. 이를 '뒤셴 미소(Duchenne Smile)'라고 한다.

마스크 미소 연습: 마스크나 손으로 입을 가

린 채, 거울을 보고 눈으로만 웃어본다. 눈이 초승달 모양이 되도록 눈 밑의 애굣살을 위로 끌어올린다는 느낌을 준다.

까꿍 훈련: 눈을 크게 떴다가, 순간적으로 반달눈을 만들며 활짝 웃는다. 입과 눈이 동시에 작동하도록 신경 쓴다.

운동을 하루만 해서는 몸짱이 될 수 없듯, 미소도 꾸준함이 생명이다. 일상에 '미소 트리거(Trigger)'를 심어 둔다.

현관문 트리거: 집에 들어갈 때 도어락 비밀번호를 누르기 전, 무조건 한 번 활짝 웃고 들어간다. (가족들에게 짜증을 덜 내게 된다.)

화장실 거울: 손을 씻고 거울을 볼 때마다 '개구리 뒷다리'를 한 번씩 외친다.

스마트폰 배경 화면: 활짝 웃는 아기 사진이나 좋아하는 연예인의 웃는 사진을 배경 화면으로 해둔다. 거울 뉴런 효과로 나도 모르게 따

라 웃게 된다.

처음에는 거울 속 내 모습이 어색하고 바보처럼 보일 수도 있다. 입가가 파르르 떨리기도 한다. 하지만 그것은 당신의 미소 근육이 깨어나고 있다는 증거이다.

매일 조금씩 연습하다 보면, 어느 순간 의식하지 않아도 자연스럽게 미소 짓는 나를 발견하게 될 것이다. 밝은 미소는 상대방에게 주는 선물이기도 하지만, 무엇보다 나 자신에게 주는 최고의 긍정 에너지다.

지금 바로, 거울을 보고 당신의 가장 예쁜 표정을 꺼내보자. 당신은 웃을 때 제일 근사하다.

나만의 개성 있는
미소 만들기와 실천

획일적인 미소는 가라! 나만의 '시그니처 미소' 만들기

TV 속 연예인의 시원한 미소나 승무원의 단아한 미소를 보고 거울 앞에서 따라 해본 적 있으신가? 그런데 막상 따라 해 보면 어딘가 모르게 어색하고, 내 얼굴 같지 않아 실망하게 된다.

이유는 간단하다. 사람마다 골격, 근육의 생

김새, 치아의 모양, 눈매가 모두 다르기 때문이다. 남의 옷을 입으면 불편하듯, 남의 미소를 흉내 내는 것은 나에게 맞지 않는 옷을 입는 것과 같다.

오늘 우리는 공장에서 찍어낸 듯한 '자본주의 미소'가 아닌, 나의 매력을 200% 살려줄 세상에 하나뿐인 '시그니처 미소'를 찾아보려 한다. 옷이나 메이크업에만 '퍼스널 컬러(Personal Color)'가 있는 것이 아니다. 미소에도 나에게 꼭 맞는 '퍼스널 스마일(Personal Smile)'이 존재한다.

입매 유형: 입이 큰 편인지 작은 편인지, 입술이 도톰한지 얇은지에 따라 어울리는 미소의 각도가 다르다.

치아 노출: 윗니가 8개 보일 때 가장 예쁜 사람이 있고, 치아를 드러내지 않고 은은하게 미소 지을 때 더 우아한 사람이 있다.

눈매 조화: 눈이 반달처럼 희어지는 게 매력적

인 사람이 있지만, 눈을 또렷하게 뜨고 입꼬리
만 올리는 게 더 신뢰감을 주는 사람도 있다.

핵심은 '단점은 가리고 장점은 극대화하는 각
도'를 찾는 것이다.

나만의 인생 미소 찾기 3단계

거울을 준비하고, 다음 단계에 따라 내 얼굴
에 숨어 있는 '베스트 컷'을 찾아보자.

1단계: 나에게 맞는 '발음' 찾기(입 모양 결정)

입꼬리를 올리는 데 도움이 되는 발음들이 있
다. 내 하관 구조에 가장 자연스러운 소리를 찾
아보자.

"위스키~" (가로형): 입이 작거나 턱이 좁은 분
들에게 추천한다. 입을 옆으로 길게 늘여 시원

한 인상을 준다.

"하와이~"(세로형): 입을 위아래로 크게 벌려야 예쁜 분들에게 좋다. 턱이 약간 길거나 광대가 있는 분들은 세로로 웃을 때 더 갸름해 보인다.

"개구리~"(중간형): 가장 일반적이고 안정적인 미소이다. 마지막 '리' 발음에서 입꼬리를 귀 쪽으로 당겨 고정한다.

2단계: 미소 농도 조절하기(TPO 맞춤)

항상 100%로 웃을 필요는 없다. 상황에 맞는 나만의 미소 3단 기어를 설정해 둬야 한다.

20% 미소 (경청용): 입술은 다물고 입꼬리만 살짝 3mm 정도 올린다. 눈은 상대를 부드럽게 응시한다. (회의 중, 대화 경청 시 활용)

50% 미소 (인사용): 윗니가 2~4개 정도 살짝 보이게 웃는다. 가장 단정하고 신뢰감을 주는 미소이다. (첫 만남, 가벼운 인사 시 활용)

100% 미소 (매력 발산용): 윗니 8개가 다 보이고 눈이 반달이 되도록 활짝 웃는다. 조금 망가져도 괜찮다. 나의 솔직함과 에너지를 보여주는 무기이다.

3단계: 비대칭 교정하고 '왼쪽 얼굴' 활용하기

대부분의 사람은 얼굴 비대칭이 있다.

셀카 테스트: 왼쪽 얼굴과 오른쪽 얼굴을 번갈아 찍어보고 더 예쁜 쪽을 찾아본다. (보통 감정을 관장하는 우뇌의 영향으로 왼쪽 얼굴이 더 풍부한 표정을 담고 있는 경우가 많다.)

고개 각도: 정면만 고집하지 말고, 자신 있는 얼굴 쪽으로 고개를 15도 정도 살짝 돌려 미소를 지어보자. 훨씬 입체적이고 분위기 있는 미소가 완성된다.

4단계: 미소, 내 것으로 만들기(실천 루틴)

나만의 각도를 찾았다면, 이제 무의식중에도 그 표정이 나오도록 몸에 익혀야 한다

3초 멈춤 연습: 거울을 보고 내가 찾은 '베스트 미소'를 짓는다. 그리고 그 표정 근육을 그대로 3초간 유지하며 뇌에 입력시킨다. "이게 내 기본 표정이야"라고 세뇌하는 것이다.

'치즈' 대신 나만의 주문: 사진을 찍을 때 남들이 시키는 "김치, 치즈"를 따라 하지 말자. 1단계에서 찾은 나만의 발음(위스키, 하와이, 헤이~ 등)을 속으로 외치며 표정을 짓는다.

영상 통화 모니터링: 친구나 가족과 영상 통화를 할 때 화면 구석에 비친 내 모습을 수시로 확인해 보자. 내가 생각한 표정과 실제 화면 속 표정의 차이를 줄여나가는 가장 좋은 실전 훈련이다.

나만의 미소를 찾는 과정에서 잇몸이 좀 보여

도, 눈가에 주름이 좀 잡혀도 괜찮다. 오히려 그런 작은 파격들이 당신을 더 인간적이고 매력적으로 보이게 만든다. 가장 아름다운 미소는 거울을 보고 계산한 미소가 아니라, '나다움'이 묻어나는 편안한 미소이기 때문이다.

오늘 찾은 당신만의 시그니처 미소로, 세상이라는 캔버스에 당신만의 매력을 마음껏 그려 나가길 바란다.

미소(웃음) 효과가 검증된
연구 결과

인간의 미소가
감정에 미치는 영향

(Inhibiting and Facilitating Conditions of the Human Smile: A Nonobtrusive Test of the Facial Feedback Hypothesis), 연구자: 프리츠 스트락(Fritz Strack), 레오나드 마틴(Leonard L. Martin), 사빈 슈테퍼(Sabine Stepper), 독일 만하임대학교 (University of Mannheim), 발표 연도: 1988년

"웃기 때문에 기분이 좋아진다." 이 말이 정말 사실일까? 독일의 심리학자들이 이를 실험으로 증명해 보았다. 그들은 사람들이 미소 짓는 얼굴 근육을 '의식하지 못한 채' 움직이게 했다. 예를 들어, 입에 펜을 물게 하여 입꼬리가 올라가도록 유도한 그룹과, 입에 펜을 물되 입꼬리가

올라가지 않도록 만든 그룹을 비교했다.

그 결과는 매우 흥미로웠다. 입꼬리를 올리게 한 사람들은 같은 만화를 보고도 더 재미있다고 평가했다. 즉, 의식적인 감정이 아니라 단순한 '표정의 움직임'만으로도 감정이 달라질 수 있다는 것을 증명한 것이다.

이 실험은 우리가 평소에는 잘 인식하지 못하지만, 표정이 감정을 조절하는 '입구 역할'을 한다는 사실을 과학적으로 증명했다. 이것은 단순한 심리학 이론이 아니다. 무표정한 얼굴이 계속되면 마음도 점점 굳어지고, 반대로 억지로라도 미소를 짓다 보면 감정이 따라온다는 것이다.

특히, 우울하거나 감정 표현이 서툰 사람, 무표정한 문화 속에서 스트레스받는 직장인, 스피치나 발표 전 감정을 안정시키고 싶은 발표자, AI와의 감정 교류가 필요한 시대를 대비하는 교육자와 상담사 같은 직종에서 일하는 사람은 반

드시 눈여겨봐야 할 연구 결과다.

"웃음은 감정의 결과가 아니라, 감정을 바꾸는 시작이다." "가짜 미소도 감정을 바꾼다. 그것이 인간 뇌의 신비한 메커니즘이다." "미소를 잃은 사회는 감정을 잃는다. 그래서 우리는 다시 미소를 배워야 한다." "표정은 당신의 뇌에 말하는 가장 빠른 언어다."

사진 속 미소 강도가
수명에 미치는 영향

(Smile Intensity in Photographs Predicts Longevity) 연구자: 어니스트 L. 아벨(Ernest L. Abel), 마이클 L. 크루거(Michael L. Kruger), 웨인 주립대학교 (Wayne State University), 발표 연도: 2010년

“진짜로 환하게 웃는 사람이 더 오래 산다.” 이 말이 단순한 감성 문장이 아니라, 실제로 통계적으로 입증된 적이 있다. 미국의 한 심리학자 팀이 야구 선수들의 졸업사진 속 '미소의 정도'와 그들의 실제 수명 사이의 관계를 분석했기 때문이다.

연구 내용은 이렇다. 연구자들은 1950년대 미

국 프로야구 선수 230여 명의 사진을 분석했다. 각 인물의 사진에서 '입꼬리의 각도'와 '눈가의 주름' 등으로 미소 강도를 측정했다. 이를 토대로 무표정 그룹 / 약한 미소 그룹 / 환한 미소 그룹으로 나누었다. 이후 이들이 실제로 몇 살까지 살았는지를 비교했다. 결과는 매우 놀라웠다!

무표정인 사람은 평균 72.9세, 약한 미소를 지은 사람은 75세 정도 살고, 마지막으로 밝은 미소를 띤 사람은 거의 80서까지 사는 기록을 보여준 것이다. 무표정한 사람과 환하게 웃는 사람 사이에 평균 수명 차이가 7년 이상 났다. 그리고 이 수치는 운동 능력. 경기 성적, 팀 소속과는 무관하게 나타난 결과였다.

이 데이터가 지금으로부터 약 75년 전 데이터임을 고려한다면, 평균 연령에 15년~ 20년 이상을 더할 수 있다. 백 세 인생은 누구에게나 열려 있지만, 그 100세 인생을 위해서는 바로 미소가 핵심에 있다고 해도 과언이 아니라는 연구 결과이다.

왜 이런 결과가 나왔을까? 학자들의 해석은 미소는 단지 표정이 아니라 삶의 태도를 반영한다는 것이다. 환하게 웃는 사람은 낙천적이고 스트레스를 덜 받으며, 사회적 지지도 높다는 특징이 있다. 또한 긍정적 정서는 면역력과 자율신경계에도 영향을 미친다. 자주 웃는 사람일수록 심장 건강, 혈압, 염증 반응 등에도 긍정적 영향을 미친다.

우리 주변에는 항상 스트레스 많은 중년 직장인, 항상 진지하고 긴장된 표정으로 살아가는 리더들, 감정을 잘 표현하지 못하는 사람들, 표정 관리가 필요한 방송인, 상담자, 교육자 등을 어렵지 않게 볼 수 있다.

"인생은 어떻게 웃는가에 따라, 얼마나 살

것인가가 달라진다."

"미소 한 번이 당신의 삶을 말해준다."

"사진은 거짓말을 하지 않는다. 웃는 얼굴

에는 장수의 비밀이 있다."

"웃음은 유전자보다 더 오래 작동하는 건

강 자산이다."

"웃음은 단순한 감정 반응이 아니다. 그것

은 생리적, 면역학적, 그리고 사회적 방어 기

제이다."

_ 어니스트 아벨, 심리학자

웃음이 신경내분비 및 스트레스 호르몬에 미치는 영향

(The Neuroendocrine and Stress Hormone Responses to Laughter)
리 S. 버크(Lee S. Berk), 스탠리 탄(Stanley Tan), 로마 린다 의과
대학 (Loma Linda University School of Medicine), 2006년

"웃으면 기분이 좋아진다"는 말은 그냥 느낌이 아니라, 몸속 화학 작용의 실제 결과였다.

미국의 한 연구진이 웃음이 우리 몸속 '스트레스 호르몬'에 어떤 영향을 주는지 의학적으로 추적하고 분석한 결과, 웃음은 뇌의 생화학적 균형을 되살리는 일종의 약이라는 것이 밝혀졌다.

참가자들은 두 그룹으로 나뉘었다. 한 그룹은 유쾌한 비디오(코미디쇼)를 시청했고, 다른 그

룹은 평범한 상황에 놓였다. 연구자들은 비디오 시청 전후로 참가자의 혈액을 채취하여 코르티솔, 에피네프린, 도파민, 엔도르핀, 성장호르몬 등을 측정했다.

우리는 위 실험 결과로 "웃음은 몸속 스트레스 정화제"이자, "몸을 스스로 치유하는 생체 리모콘" 역할을 한다는 결론을 얻게 된다. 즉, 웃음 한 번이 약국의 진통제와 항우울제, 면역 보조제 역할을 동시에 해주는 셈이다.

뇌는 웃음을 긍정적 자극으로 인식하고, 즉각적으로 뇌하수체와 부신을 통해 호르몬 분비에 영향을 준다. 웃을 때 복근과 횡격막이 움직이며, 복식호흡과 유사한 효과가 발생한다. 이는 자율신경계를 진정시키고 혈액순환을 촉진한다. 심지어 면역계가 더 활발하게 작동한다는 것도 확인되었다.

"웃음은 감정의 표현이 아니라 생리학적 사
건이다. 웃는 순간 뇌가 곧바로 전신에 회복
신호를 보내기 시작한다."

리 S. 버크 박사

"웃음은 당신의 몸이 가장 먼저 반응하는 치
유 명령어다."
"진짜로 유쾌해서 웃는 게 아니라, 웃어서 진짜로
건강해지는 것이다."
"현대의학이 찾던 명약은 어쩌면 거울 속 웃는 당신
일지도 모른다."
"하루 10초의 웃음은 당신의 생화학계를 리셋
한다."

이제는 '웃음은 건강에 좋다'는 말을 그저 기
분 좋은 문장으로만 넘기지 않아야 할 시대다.
이 연구는 웃음이 진짜로 몸속 화학을 바꾸고,

정신뿐 아니라 세포까지 회복시키는 강력한 처
방임을 보여준다.

진짜 미소와
가짜 미소의 차이 연구

(Felt, False, and Miserable Smiles), 폴 에크만(Paul Ekman), 월러스 V. 프리젠(Wallace V. Friesen), UCSF (University of California, San Francisco), 1982년

"사람의 미소는 언제나 반가운 건 아니다."

이 연구는 우리가 일상에서 주고받는 미소 중 상당수가 '진짜 감정'이 아니라 가면을 쓴 사회적 기호일 수 있음을 밝혀냈다. 심지어 거짓된 미소는 타인에게 불쾌감이나 신뢰 부족의 인상까지 줄 수 있다.

폴 에크만 박사는 전 세계에서 인간 감정을

연구한 표정 전문가로, '거짓말 탐지 전문가'로
도 널리 알려져 있다. 그는 진짜 미소(Felt Smile)
와 가짜 미소(False Smile) 사이의 미세한 차이를
연구했고, 이를 통해 '정서의 진실성'을 판별할
수 있음을 입증했다. 참가자들에게 다양한 감정
을 유도한 후 표정을 분석했다.

고속 촬영된 표정 영상에서 미세한 얼굴 근육
의 움직임을 기록했다.

특히 주목한 부위는 입 주변 근육(대관골근)과
눈 주변 근육(눈둘레근)의 동시 작용이다.

진짜 미소 VS. 가짜 차이

항 목	진짜 미소 (Felt Smile)	가짜 미소 (False Smile)
입꼬리	올라감	억지로 당겨 올림
눈 주위	자연스러운 주름 발생	거의 움직이지 않음
지속 시간	짧고 자연스러움	오래 지속되거나 어색
전체 인상	따뜻하고 편안함	어딘가 부자연스럽고 경계심 유발

진짜 미소는 눈가까지 함께 웃는다. 바로 이것이 앞에서 언급한 '뒤센 미소(Duchenne Smile)'라고 불리는 미소의 진본(眞本)이다. 왜 이 연구가 중요한가?

우리는 타인의 표정을 무의식적으로 읽는다. 표정은 말보다 빠르게 '이 사람이 진짜 내 편인가?'를 판단하게 한다. 가짜 미소를 자주 사용하면 인간관계에서 피로감과 거리감이 생긴다. 표정이 진실하지 않으면, 말과 행동의 신뢰도까지 무너질 수 있다.

"미소는 거짓말을 숨길 수 없다. 눈이 말해 버리기 때문이다."

"가짜 미소는 인간관계를 시작하게 하지만, 진짜 미소만이 관계를 지속시킨다."

"진짜 웃는 사람은 입이 아니라 '눈'이 먼저 반응한다."

"뒤센 미소는 진실한 가음의 본능적 표현이다. 인간 뇌는 이를 가장 먼저 감지한다."

"눈이 웃지 않으면, 그건 진짜 웃는 게 아닙니다."

폴 에크만 박사 (감정 표현 해석의 대가)

버락 오바마는 선거 유세 당시 '뒤센 미소'를 가장 잘 사용하는 정치인 중 하나로 분석되었고, 이는 진정성 있는 리더라는 이미지를 강화하는 데 크게 작용했다. 반면 일부 연예인이나 정치인들의 가식적 미소는 오히려 불신이나 위선적인 이미지를 고착화시키는 데 영향을 준다고 한다.

당신의 미소는 눈으로 말하는가? 거울 앞에서 억지로 웃는 연습을 할 수도 있다. 그러나 진짜 감정이 실리지 않으면, 상대는 결국 눈을 보고 알아챈다. 미소는 얼굴 위에 그리는 장식이 아니라, 내면의 진심이 표정으로 이동하는 여정이다.

긍정 감정과 혈관 내피 기능의 관계: 웃음이 심장에 좋은가?

(Positive Emotions and the Endothelium: Does Laughter Have a Beneficial Effect on Blood Vessels?), 마이클 밀러(Michael Miller) 외, 메릴랜드대학교 메디컬센터 (University of Maryland Medical Center), 2000년

"하하하. 당신의 웃음소리는 심장에 박수 같은 존재다."

웃음이 기분만 좋게 만드는 게 아니라, 실제로 혈관을 확장하고 혈류를 개선하며 심장을 보호한다는 사실이 의학적으로 증명되었다.

웃으면 심장이 반응한다? 마이클 밀러 박사는 "웃음은 심장의 약"이라는 직감을 과학적 데

이터로 증명하고 싶었다. 그래서 그는 사람들의 감정 상태에 따라 혈관이 어떻게 반응하는지를 비교하고 분석했다.

연구 내용을 보면 참가자 20여 명에게 두 가지 종류의 영상물을 시청하게 했다. 첫 번째, 스트레스 유발 영상 (예: 전쟁 다큐, 긴장되는 뉴스 등), 두 번째, 유쾌한 코미디 경상 (예: 슬랩스틱 코미디쇼). 각 영상 시청 전후에 초음파로 혈관 내피 기능을 측정했다. (내피 기능은 혈관 확장. 수축 반응성을 의미하며, 심장 건강과 직결됨)

유쾌한 웃음은 심장병을 예방하고, 혈관 노화를 늦출 가능성을 보여줬다. 왜 이런 결과가 나타났을까? 웃으면 엔도르핀과 도파민이 분비되어 혈관이 부드럽게 확장된다.

이 과정에서 혈압이 낮아지고, 심장의 부담이 줄어든다. 반면 스트레스는 코르티솔과 아드레

날린을 분비해 혈관을 수축시키고, 장기적으로
는 고혈압, 심장질환의 위험을 높인다.

> "심장은 감정을 숨기지 않는다. 웃을 때 가
> 장 건강한 박동을 만든다."
> "웃음은 심장을 마사지하는 유일한 감정
> 이다."
> "하루 10분의 웃음이 심장 수명을 늘린다."
> "좋은 사람이 되려면 웃어야 하지만, 건강
> 한 사람이 되려면 더 많이 웃어야 한다."
> "심장병을 예방하는 비타민? 어쩌면 그것
> 은 매일 웃는 습관일지 모릅니다."
>
> _ 마이클 밀러 박사, 심장 전문의

결론적으로 진심으로 웃었을 때 몸의 반, 혈관
도 감정을 기억한다.

웃음이 만드는 내피의 춤, 의사가 추천하는 하루 10분의 코미디.

스트레스를 씻어내는 감정의 약물, 웃음.

누군가는 하루 종일 좋은 약을 찾아 병원을 찾고,

누군가는 그저 웃으면서도 병을 막는다.

이제는 스스로에게 이렇게 말해도 좋다:

"오늘 웃었는가? 그렇다면 내 심장은 살아 있다."

사회적 웃음이
통증 인내력에 미치는 영향

(Social Laughter Is Correlated With an Elevated Pain Threshold), 로빈 던바(Robin I.M. Dunbar) 외, 영국 옥스퍼드대학교 (University of Oxford), 2011년

"함께 웃는 순간, 우리는 아픔을 덜 느낀다."

이 연구는 인간이 집단 내에서 함께 웃는 행위를 통해 실제로 통증을 더 잘 견디게 되는 생리적 반응이 일어난다는 것을 과학적으로 입증했다. 즉, 웃음은 단순한 감정 표현이 아니라 사회적 진통제의 역할을 한다.

옥스퍼드의 진화 심리학자 로빈 던바 교수는

"왜 인간은 집단으로 웃을까?"라는 질문에서 출발했다. 원시 시대 인류의 생존 방식에서 '유대와 협력'은 필수였고, 웃음은 이를 유지하는 도구로 작용했을 가능성이 높았다. 그렇다면 웃음은 감정을 넘어 신체적 기능에도 영향을 줄까?

참가자들은 다음과 같은 방식으로 집단 활동에 참여했다: 코미디 영상 시청, 함께 웃을 수 있는 소셜 게임, 단조로운 감정 상태 유지 (통제그룹)

웃음 전후로 통증 인내 테스트를 시행했다.

(예: 팔에 혈압대를 감고 버틸 수 있는 시간 측정 등)

주요 결과

조 건	통증 인내력 변화
함께 웃은 그룹	평균 10~15% 증가
혼자 웃은 그룹	변화 거의 없음
웃지 않은 그룹	변화 없음 또는 감소

즉, 사회적 웃음만이 신체적 통증 내성을 유의미하게 증가시켰다.

왜 이런 결과가 나타나는가? 웃음은 뇌의 엔도르핀 시스템을 자극한다. 이는 '자연 진통제' 역할을 하며 고통을 느끼는 정도를 완화한다. 특히 공동체 속의 웃음은 신뢰감, 유대감, 안전감을 증가시키며, 심리적 안정 상태에서 뇌의 통증 해석도 달라진다. 던바 교수는 이를 "사회적 유대감-진통 엔도르핀 가설"로 설명했다.

"혼자 웃을 때보다 함께 웃을 때, 아픔은 덜 아프다."

"웃음은 어쩌면 인간 집단이 만든 최초의 마취제일지 모른다."

"통증을 이겨내는 힘은 약이 아닌, 사람과 웃는 순간에 있다."

"고통은 그대로였지만, 웃은 사람들은 덜

힘들었다."

"웃음은 뇌에 '우리는 안전하다'는 신호를
보냅니다. 그 신호는 곧 통증을 조절하는 생
화학 반응으로 이어지죠."

_ 로빈 I.M. 던바 교수 (Oxford University)

병원에서 환자들이 함께 웃으며 영화나 TV를
본 경우, 진통제 사용량이 줄고 회복 속도도 빨
라졌다는 보고가 있다.

일부 정신요법 프로그램이나 웃음 치료
(laughter therapy)는 실제로 암 환자, 만성통증 환
자들의 삶의 질을 개선한다.

웃음의 사회적 기능에 대한
신경과학적 연구

(The Social Life of Laughter), 소피 스콧(Sophie K. Scott) 외 유니
버시티 칼리지 런던(UCL), 인지신경과학연구소, 2015년

"웃음은 뇌가 만드는 가장 강력한 사회적 연
결 신호다."

우리가 웃을 때, 단순한 유머 반응만 일어나
는 게 아니다. 뇌는 사람 사이의 관계를 확인하
고, 친밀감을 조율하는 신호로서 웃음을 사용
한다. 이 연구는 웃음을 언어와 동등한 사회적
도구로 재조명한 뇌과학적 발견이다.

웃음은 왜, 어떻게 뇌에서 만들어지는가?

스콧 박사는 다음과 같은 의문에서 출발했다. "왜 우리는 농담이 없어도 웃을 수 있는가?" "왜 인간은 혼자보다 누군가와 함께 있을 때 더 많이 웃는가?" 그에 따르면 웃음은 인간의 감정 반응이 아니라, 사회적 맥락 속에서 진화한 소통의 수단이다. 심지어 말보다 먼저 존재한 '소리의 언어'일 수도 있다.

연구 내용 요약

- fMRI(기능성 자기공명 영상)를 통해 웃는 순간의 뇌 활성 부위를 추적함.
- 참가자들은 서로 다른 맥락의 웃음(진심, 억지, 사회적 웃음 등)을 듣거나 표현함.
- 이때 뇌의 운동피질, 전두엽, 측두엽, 전대상피질(ACC) 등이 어떻게 반응하는지를 측정.

주요 발견

웃음 유형	뇌 활성화 부위	특징
자발적 웃음 (진심)	감정 처리 영역 (편도체, 내측 전두엽)	감정적 반응 중심
사회적 웃음	언어/소통 영역 (측두엽, 전두엽)	맥락, 의도 중심
억지웃음	운동 피질, 얼굴 근육 제어 부위	조작된 표현, 통제된 반응

사회적 웃음은 뇌가 '관계를 조정'하는 기능을 한다.

> "웃음은 단지 기분 좋은 반응이 아니라, 인간관계를 조율하고 소속감을 강화하는 전략적 뇌 반응이다."
>
> _소피 K. 스콧 박사 (UCL)

- 웃음은 신체 반응이 아니라 관계의 언어다.
- 말이 끝나도, 웃음은 계속 남아 사람 사이를 이어준다.

- 우리는 웃음으로 마음을 표현하지 않는다.
  우리는 웃음으로 마음을 연결한다.
- 혼자 웃는 것은 반응이지만, 함께 웃는 것
  은 신호다.

미소를 포함한 바디랭귀지가 면접 성공률에 미치는 영향

(Power Posing Affects Interview Success via Hormonal and Behavioral Changes), 연구자: 에이미 커디(Amy Cuddy), 다나 카니(Dana Carney), 앤디 얍(Andy Yap), 기관: 하버드 비즈니스 스쿨 (Harvard Business School), 발표 연도: 2012년

"당신의 자세와 미소가, 당신의 호르몬과 인생을 바꾼다."

이 연구는 단지 자세나 표정이 '외적인 연출'이 아니라, 우리의 신체 내부(호르몬)와 행동(자신감)을 변화시켜 면접과 같은 중요한 순간의 성패를 좌우할 수 있다는 것을 입증한 실험이다.

연구 배경 - 왜 미소와 자세가 중요한가?

커디 교수는 수많은 경영대 면접 및 비즈니스 프레젠테이션 장면에서 비언어적 신호가 말보다 강한 영향력을 끼치는 현상에 주목했다.

그는 질문했다. "면접에서 사람들이 평가하는 건 정말 답변 내용일까?" "아니면 그 사람이 내는 비언어적 분위기일까?" 이 의문은 심리학과 생리학이 만나는 흥미로운 지점이었다.

주요 결과

항목	파워 포즈 & 미소 그룹	수동 포즈 & 무표정 그룹
코르티솔 (스트레스 호르몬)	감소	증가
테스토스테론 (자신감 관련 호르몬)	증가	감소
면접관 평가 점수	높음	낮음
비언어적 표현력	생동감 있고 신뢰김 ↑	경직되고 불확실성 ↑

몸의 자세와 표정만으로도 면접 결과는 크게
달라졌다.

미소 + 오픈 포즈는 뇌에 '우리는 위협받지 않
았다'는 신호를 줌, 이로 인해 스트레스 호르몬
은 줄고, 위엄과 자신감을 담당하는 호르몬이
증가. 실제로 표정과 자세 변화만으로 자기 인
식(self-perception)과 자기 효능감(self-efficacy)이
상승함

"우리는 신체를 통제함으로써 마음을 바꿀
수 있고 마음을 바꿔 행동을 바꾸며, 결국
그 행동이 인생을 바꿉니다."

_에이미 커디 박사 (Harvard)

웃는 얼굴이 화난 얼굴보다 인식률이 더
높은 이유(Smiling Faces Are Better Recognized
than Angry Faces Under Visual Noise), 나탈리

아 칼보(Natalia Calvo), 미로 누멘마아(Mikko Nummenmaa), 스페인 그라나다대학교 / 핀란드 알토대학교, 2008년

"미소는 뇌에 박히고, 화는 뇌에 닿지 않는다."

이 연구는 복잡하고 흐릿한 이미지 속에서도 사람들이 '웃는 얼굴'을 훨씬 더 잘 인식하고 기억한다는 사실을 밝혀냈다. 그 이유는 단순히 '기분이 좋아서'가 아니라, 진화적, 심리적, 뇌과학적 이유가 복합적으로 작용했기 때문이다.

연구 배경 - 왜 우리는 웃는 얼굴을 더 빨리 알아볼까?

실제로 길에서 누군가 화난 얼굴로 다가오는

것보다, 웃는 얼굴로 다가오는 사람이 더 눈에 띤다는 경험은 누구나 한다.

하지만 그게 기분 탓이 아니라 뇌의 구조 탓일 수도 있다면? 이 연구는 인간의 표정 인식 속도와 정확도가 감정의 종류에 따라 달라질 수 있는가를 실험적으로 증명하고자 했다.

주요 결과는 웃는 얼굴은 시각적 정보가 흐려져도 강력하게 인식되며, 감정적 연관성과 긍정적 강화 효과 때문에 뇌에 더 오래 남는다.

웃는 얼굴은 안면근육의 양측 대칭이 강하고, 치아 노출 등의 특징이 시각적으로 선명

인간의 뇌는 '보상 예측 시스템(Reward Prediction System)'에 따라 긍정적 감정 유발 자극에 자동으로 더 민감하게 반응

특히 편도체(Amygdala)와 전측 대상회(ACC)는 웃는 얼굴에 더 빠르고 효율적인 반응을 보인다 → 위험보다 안전, 유대, 보상에 더 즉각 반

응하는 뇌 구조 때문.

"인간의 뇌는 사회적 동물로 진화하면서, 긍정적 표정과 상호작용을 먼저 감지하고 학습하는 구조를 발전시켜 왔습니다."

_ 미코 누멘口-아 박사 (핀란드 알토대학교)

미소는 뇌가 가장 좋아하는 얼굴

이 실험이 말해주는 것은 단순하다. 우리는 미소를 볼 준비가 되어 있는 존재라는 것이다. 그만큼 미소는 우리의 뇌와 마음에 가장 자연스럽고 깊은 신뢰를 남기는 언어다.

그래서 결국, 미소는 기억되고 화는 흘러간다.

미소가 만든
새로운 내 인생(사례)

미소 연습으로
말문의 빗장이 스르르

임마누엘 교회 부목사 | 박○○

무더위가 기승을 부리던 7월의 어느 날, 스피치 레슨 동호회로 한 통의 전화가 걸려 왔다.

"거기 스피치 연습하는 곳이죠? 저도 교습을 받고 싶어서요…"

수화기 너머 들려오는 목소리만으로도 교정

할 부분이 많겠다는 직감이 들었다. 놀라운 것은 그의 직업이 목사라는 점이었다. 대중 앞에 서는 것이 일상인 목사님이 스피치 레슨 동호회를 찾다니 의아했지만, 사연이 있을 거라 생각하며 상담 시간을 잡았다.

며칠 뒤 나타난 30대 후반의 젊은 목사님은 어두운 표정으로 더듬더듬 자신의 고민을 털어놓았다. 잘 알아듣기 힘든 발음이었다. 나 역시 신앙인으로서 궁금해졌다. 왜 굳이 대중 앞에 서야 하는 목회자의 길을 선택했는지 물었다.

사연은 청년 시절로 거슬러 올라갔다. 어느 수련회에서 생면부지의 한 권사님이 그의 이름을 또렷이 부르며, 어젯밤 하나님이 보여주신 환상이라며 "주의 길을 걸으라"는 명령을 전했다고 한다. 그는 의구심 끝에 그 부르심에 순종하기로 했다. 문제는 그때부터였다. 목회자에게 필수적인 '말의 기반'이 전혀 갖춰지지 않았다는 사실을 본인은 물론 주변에서도 너무 잘 알고 있었기 때문이다.

그는 신학대학을 졸업하고 작은 교회에서 부목사로 사역을 시작했지만, 어눌한 말투 탓에 설교 기회는 좀처럼 주어지지 않았다. 겨우 새벽 예배나 어린이 대상 설교만 맡을 뿐이었다. 그는 고민 끝에 절실한 마음으로 나를 찾아왔다.

처음 3개월은 언어장애 교정 프로그램에 집중했다. 하지만 변화는 미미했다. 깊은 대화를 나누며 원인을 찾아보니, 그는 지독한 완벽주의자였고 타인의 시선에 극도로 예민했다. 부족한 모습을 감추려는 강박이 오히려 입을 가로막고 있었다.

나는 전략을 바꿔 '미소 훈련'을 시작했다. 하루 3번 이상 미소 근육을 강제로 활성화하게 했다. 또한 자존심을 내려놓도록 "나는 제일 말이 어눌한 바보 목사다!"라고 외치게 했다. 놀랍게도 스스로 바닥을 치는 선언을 반복하자, 그의 얼굴에 진짜 미소가 번지기 시작했다.

마음속 감정의 찌꺼기를 잘게 부수자 발표 실력은 기적처럼 성장했다. 3분도 버겁던 그는 이제 원고 없이 30분 넘게 설교할 수 있게 되었다. 그를 억누르던 감정의 가시와 기억의 쓰레기를 치워내자, 표현은 물 흐르듯 자연스러워졌다. 결국 그의 말을 가로막고 있던 것은 기교가 아니라 마음속 부정적인 생각이었다. 이 기적 같은 스토리가 더 많은 이들의 가슴에 희망으로 피어나길 소망한다.

결국 미소가 답이었구나!

사내 강사 CS 교육 강사 김○○

"강의 내용은 훌륭한데, 평가는 왜 '글쎄요'일까요?"

어느 기업 연수원 담당자가 던진 뼈아픈 질문이었다. 그의 업무는 교육생들의 설문 결과를 바탕으로 강사와 강의 방향을 협의하는 것이었다. 대화의 상대는 사내에서 육성한 이른바 '자체 조달 강사'인 K 강사였다. 현장 지식을 실무

에 바로 접목할 수 있다는 장점이 있지만, 강사
로서의 전달력에는 보완이 필요한 상황이었다.

K 강사는 낮은 강의 평가를 보고 낙심했다.
현장의 경험을 녹여 누구보다 열정적으로 강의
했기에 결과에 대한 아쉬움은 더 컸다. 원인을
찾기 위해 자신의 강의 영상을 돌려본 그는 곧
충격에 빠졌다. 화면 속 교육생들의 표정에는
아무런 생기가 없었다. 인상을 찌푸리거나 하품
을 하고, 스마트폰을 만지작거리는 등 집중력이
완전히 무너진 모습이 포착된 것이다.

사실 K 강사에게는 나름의 철학이 있었다. '강
사가 실실 웃으면 권위가 떨어지고 집중력이 저
하된다'는 원칙이었다. 하지만 그 생각이 틀렸음
을 깨닫는 데는 오래 걸리지 않았다. 교육생은
본래 피곤한 법이다. 그런 이들에게 강사의 무

표정과 건조한 말투는 윤활유 없는 기계와 다
를 바 없었다.

변화를 위해 나는 그 상담자에게 인기 강사들
의 얼굴 표정을 분석하도록 했다. 그들의 공통
점은 밝은 미소와 유머로 지루함을 깨뜨리고 강
의실에 활력을 불어넣는다는 평범한 진리를 K
강사는 깨닫게 되었다.. 그는 즉시 미소 훈련에
돌입했다. 무조건 웃으려 노력하자 신기한 일이
벌어졌다. 예상치 못한 재치 있는 말이 떠오르
고, 말투도 훨씬 부드럽고 유창해졌다.

딱딱한 직무 교육 시간이었지만 강의실에는
틈틈이 폭소가 터져 나왔다. 결과는 성공적이
었다. 강의 평가는 수직 상승했고, 그는 자신의
위기를 극복하게 해준 일등 공신으로 늘 '미소
의 효과'를 꼽게 되었다.

미소 훈련 후
가족이 모이기 시작했다

L그룹 임원 출신 최○○

"밥 먹자."

예전 한 개그 프로그램의 '대화가 필요해'라는 코너에서 아버지가 던지던 단골 멘트다. 우리 시대의 많은 아버지는 이 짧은 말 한마디에 권위와 위엄을 담아 수십 년을 군림해 왔다.

글 속의 주인공 역시 35년 직장 생활을 마치

고 은퇴한 뒤, 하루 대부분을 집에서 보내게 되었다. 그는 나름대로 소통의 물꼬를 트고자 가족들에게 세세한 관심을 보였지만, 결과는 예상 밖이었다. 아버지의 간섭이 부담스러웠던 자녀들은 오히려 귀가 시간을 늦추며 거리를 두기 시작했다. 30년 넘는 사회생활로 다져진 눈치가 있었기에 그는 가족의 냉랭함을 직감했고, 말할 수 없는 서운함과 배신감을 느꼈다.

참다못한 그는 아내에게 진심으로 물었다. "애들이 왜 나를 부담스러워하지? 내가 어떻게 키웠는데 이럴 수 있어?" 그러자 아내는 어이가 없다는 듯 대답했다. "이제 가족을 진짜 가족처럼 대해 주세요."

그 말이 무슨 뜻일까 고민하며 속을 끓이던 그는 문득 깨달았다. 자신도 모르게 고위직 간

부였던 시절의 말투와 표정으로 가족들을 대하고 있었던 것이다. 그는 권위라는 옷을 내려놓기로 했다. 그리고 대단한 말이나 행동 대신, 먼저 '미소'를 지어 보였다.

처음에는 서로 어색했지만, 그는 꾸준히 밝은 미소로 소통의 신호를 보냈다. 그러던 어느 날, 작은아들이 치킨을 사 들고 와 맥주 한잔을 제안했다. 뒤이어 딸은 이렇게 말했다. "아빠 속의 진짜 아빠 모습이 느껴져서 좋아요."

단지 미소 하나 지었을 뿐인데 기적이 일어난 것이다. 비록 지금은 예전보다 수입이 훨씬 적은 일을 하고 있지만, 그는 늘 웃음을 달고 산다. 직장 생활을 할 때보다 지금 이 순간이 훨씬 더 행복하다고 그는 회고한다.

미소 지으니 매출도 쑥쑥

미도 E&C 대표 윤○○

그는 어린 시절부터 친척인 사장님을 따라 현장 일을 배웠다. 언젠가 삼촌처럼 멋진 차를 몰며 성공의 기분을 만끽하고 싶다는, 조금은 철부지 같은 꿈을 품은 청년이었다. 겉모습과 달리 내성적이고 낯을 가렸던 탓에 사람들과 친해지는 데는 꽤 오랜 시간이 걸리는 성격이었다.

40대 초반, 그는 삼촌의 노하우를 발판 삼아 호기롭게 독립했다. 하지만 현실은 냉혹했다. 영업이란 것이 술 한잔, 골프 한 번으로 해결되는 만만한 일이 아니었다. 대출이자조차 감당하기 버거워지자, 그는 큰소리치며 떠난 자신의 선택을 후회하며 다시 삼촌을 찾았다.

그런 그에게 삼촌은 아리송한 조언을 건넸다. "사람들이 너에게 무엇을 기대하는지부터 알아야 한다." 성실함과 열정은 누구에게도 뒤지지 않았지만, 문득 거울을 본 그는 자신의 표정이 너무나도 딱딱하다는 사실을 깨달았다. 친화력 있는 미소가 필요하다는 직감이 들었지만, 평생 웃어본 적 없는 그에게는 큰 숙제였다.

그는 즉시 스피치 아카데미 야간반에 등록해 스피치와 미소 훈련을 시작했다. 틈만 나면 웃는 연습을 하는 그를 보며, 직원들 사이에서는 "사장님 정신에 문제가 생긴 것 아니냐"는 걱정 섞인 농담이 나올 정도였다.

변화는 현장에서 시작되었다. 회의를 할 때도, 전화를 받을 때도 그는 특유의 개성 있는 미소를 잃지 않았다. 결과는 놀라웠다. 한 거래처 부서장은 "모두가 무표정한 요즘, 저 친구의 밝은 미소를 보니 한 번 일을 맡겨보고 싶다"며 계약을 제안했다.

웃음의 바이러스는 거래처 회사 전체로 퍼졌다. 딱딱했던 이미지는 천진난만한 리더의 모습으로 바뀌었고, 신뢰가 쌓이자 매출은 자연스럽게 따라왔다. 이제 어엿한 중소기업 대표로 성장한 그는 당시를 이렇게 회고했다.

"일만 잘하면 성공하는 줄 알았습니다. 하지만 일보다 먼저 사람의 마음을 여는 것이 중요하고, 그것의 가장 기초는 표정의 힘이라는 사실을 늦게라도 깨달아 참 감사합니다."

미소 훈련으로 되찾은 건강

만성위염 박○○

그녀는 늘 "머리와 장이 하나로 붙어 있는 것 같다"고 입버릇처럼 말했다. 조금만 신경을 쓰면 곧장 화장실로 달려가야 할 만큼 예민한 성격 탓이었다. 10년 넘게 우울증과 위장약을 달고 살았던 그녀는 겉모습만 봐도 한눈에 예민함이 느껴지는 전형적인 소음인 체질이었다.

그런 그녀가 어린이집 보육교사라는 새로운 꿈을 품고 스피치 아카데미 훈련에 참여했다. 아이들과 더 잘 소통하고 싶은 마음이었지만, 그녀의 얼굴에는 늘 짙은 그림자가 드리워져 있었다. 웃을 때는 천사처럼 해맑았으나, 평소의 무표정은 차갑고 어두웠다.

보육교사 평가 결과는 좋지 않았다. 교육 내용 자체는 훌륭했지만, 아이들은 선생님의 경직된 표정 속에서 불안함을 읽어냈기 때문이다. 마음이 담기지 않은 '인공 미소'로는 아이들의 순수한 세계에 닿을 수 없었다.

나는 그녀에게 오직 '미소'만을 강조했다. 미소는 세 가지 기적을 부른다. 첫째는 창의적인 표현력을 높여주고, 둘째는 소통의 벽을 허물며, 셋째는 자신의 건강을 회복시킨다. 착실한 그녀는 수개월간 이 훈련을 묵묵히 실천했다.

결과는 기적 같았다. 같은 동화를 들려줘도 이전보다 훨씬 풍부하고 창의적인 표현이 쏟아져 나왔고, 아이들의 집중력은 몰라보게 높아졌다. 환한 미소는 학부모와 동료 교사들에게도 깊은 신뢰를 주었다. 무엇보다 놀라운 변화는 몸에서 나타났다. 스트레스가 줄어들자 만성적이던 장 질환이 눈에 띄게 호전된 것이다.

"그저 미소 하나 지었을 뿐인데, 제 삶이 이렇게 달라질 줄 몰랐어요." 그녀의 회상처럼, 미소는 그녀의 인생을 가장 아름다운 방향으로 돌려놓았다.

경력 단절 세무사

이○○

차가운 세무사보다 '미소 짓는 전문가'가 성공한다.

결혼 후 평범한 전업주부로 지내던 그녀에게 어느 날 변화의 바람이 불었다. 장롱 속에 묵혀둔 세무사 자격증을 꺼내어 다시 세상 밖으로 나갈 용기를 낸 것이다. 하지만 사회와 단절되었

던 시간만큼, 사람들을 대면해야 한다는 사실
은 큰 부담으로 다가왔다.

소심한 성격을 극복하고자 찾은 스피치 아카
데미 모임에서 그녀는 뜻밖의 제안을 받았다.
"발표할 때 의식적으로 미소를 지어보세요." 처
음에는 대중 앞에 서는 것만으로도 벅찬 그녀
는 미소를 지으라는 말이 이해되지 않았다고
했다. 그러나 밑져야 본전이라는 마음으로 억지
미소라도 지으며 발표 연습을 이어갔다.

결과는 놀라웠다. 입이 풀리며 준비하지 않았
던 재치 있는 애드리브가 튀어나오기 시작한 것
이다. 청중의 표정은 부드러워졌고 박수 소리는
커졌다. 마치 마법 같은 경험이었다.

이후 그녀는 분당에 세무사무소를 개업했다.

하지만 바쁜 업무에 치여 한동안 미소를 잊고 살았다. 스스로 '차가운 도시의 전문가'의 모습이라 위안 삼았지만, 매출은 좀처럼 오르지 않았다. 정체기를 극복할 돌파구를 고민하던 그녀는 다시 '미소'를 떠올렸다.

출퇴근길은 물론 집에서 음식을 할 때도 억지 미소를 지으며 근육을 길들였다. 처음에는 이상하게 쳐다보던 가족들도 점차 그녀의 밝은 변화에 동화되었다. 가장 큰 변화는 사무실에서 나타났다. 긴장을 풀고 미소로 고객을 맞이하자 스스로 자신감이 붙었고, 이는 곧 신뢰로 이어졌다.

미소 하나 지었을 뿐인데 상담 성공률과 계약 건수는 이전보다 두 배 이상 증가했다. 주변에는 늘 사람이 모여들었고, 일과 가정 모두에 활력이 넘치기 시작했다. 그녀는 오늘도 거울을 보며 미소 근육을 다듬는다. 작은 노력이 선사한 이 기적 같은 변화를 더 많은 이가 경험하기를 바라면서 말이다.

원어민 어학 강사

천○○

대기업 회장님의 마음을 사로잡은 '천 라오시'의 미소

40대 초반, 청운의 꿈을 안고 중국 하얼빈에서 한국으로 귀화한 한 중국어 강사가 있었다. 그녀는 실력을 인정받아 국내 대기업에서 강의할 기회를 얻었지만, 한 가지 큰 걸림돌이 있었다. 바로 특유의 '차도녀' 기질이었다. 낯선 한국 사회에 대한 불안감 때문인지 그녀는 좀처럼 웃지 않았고, 낯가림도 심했다.

그녀는 "강사는 그저 실력으로 제 역할만 다하면 된다"는 고집을 꺾지 않았다. 하지만 사람을 상대하는 교육 현장에서 구표정한 강의는 독이었다. 수강생들의 반응은 점차 차가워졌고, 급기야 교육팀에서는 재계약 불가 논의까지 흘러나왔다.

그당시 수강생이었던 나는 안타까운 마음에 스피치 컨설팅을 제안했다. 처음엔 "전문 강사인 내게 왜 그런 게 필요하냐"며 거부감을 보였으나, 지속적인 권유 끝에 그녀도 마음을 열고 참여하기 시작했다. 처음 그녀의 스피치는 한국말도 서툴렀고 표현도 어색하기 짝이 없었다.

하지만 변화는 서서히 찾아왔다. 주변 사람들의 환한 표정에 동화되면서 그녀의 얼굴에도 미소가 번지기 시작한 것이다. 표정이 풀리자 말에도 유연함이 생겼다. 인생에 유머라고는 없던 그녀가 중국 시절의 에피소드를 곁들여 청중을 박장대소하게 만드는 기적 같은 일이 벌어졌다.

변화는 즉각적인 결과로 이어졌다. 강의 평가는 수직 상승했고, 국내 대기업 회장님의 개인 교습 섭외까지 들어왔다. 회장님은 "천 라오시의 웃는 모습이 너무 좋고 유머러스해서 수업 시간이 기다려진다"며 극찬했다. 중국어 실력은 기본이었지만, 회장님의 마음을 움직인 건 결국 그녀의 미소였다. 수년이 흐른 지금, 그녀는 내게 서툰 한국말 대신 진심이 담긴 중국어로 감사를 전해온다.

"딩셴성 페이창 간시에 닌더방주(丁先生,　非常
感谢您的帮助)."(정 선생님 당신의 도움에 정말 감사드립
니다.)

에필로그

　마음을 여는 것은 강한 바람이 아니라 따스한 햇볕이다.

　이 세상에는 큰돈과 애를 쓰고도 비난받는 사람이 있는가 하면, 돈 한 푼 쓰지 않고도 사랑받는 사람이 있다. 인간은 결국 감정의 동물이다. 진정한 소통은 논리가 아닌 '감성의 문'이 열릴 때 비로소 시작된다.

언제부턴가 우리 사회는 미소를 잃어버렸다. 우격다짐으로 목적을 달성하려는 이들이 늘어났고, 심지어 정치권에서는 차가운 무표정과 날선 말로 상대를 제압하는 것이 승리라 여기기도 한다. 하지만 이런 비이성적 행동은 결국 본인과 조직에 독이 되어 돌아올 뿐이다. 부드러운 미소로 자신의 할 일을 묵묵히 해낸다고 해서 결코 약해 보이지 않는다.

초등학교 시절 배운 이솝우화를 떠올려 보자. 나그네의 외투를 벗긴 것은 매서운 비바람이 아니라 따스한 햇볕이었다. 화를 내고 찡그리는 순간 본인과 상대의 관계는 무너지기 시작하고, 무표정은 불필요한 오해를 낳는다. 인간이 가진 가장 큰 강점은 웃음을 통해 긍정적인 에너지를 전달하는 능력이다.

미소가 만들어 내는 창조적인 소통 능력으로 스트레스는 덜 받고, 목표는 더 쉽게 성취하는 지혜로운 삶을 살길 바란다. 웃는 얼굴에 침 뱉는 사람은 없다. 다만 한 가지, 말할 때 예외가 있어야 한다. 법정에서 판사가 징역 20년을 선고하며 환하게 미소 짓는다면, 그것만큼 무서운 사이코패스 같은 상황도 없을 테니 말이다.